Freedom from the Bondage of Karma

業力

掙脫心的束縛

斯瓦米·拉瑪（Swami Rama）——著
sujata—— 譯

引言

透過研讀自我，來解開束縛

在明尼阿波利斯高意識中心（the Center for Higher Consciousness in Minneapolis）贊助的研討會中，斯瓦米・拉瑪以「解開業力的束縛」為主題，發表了一系列的演講。本書集結了這些演講的內容，並嘗試盡可能保留原演說所呈現的自發、直接的品質。一位真正的老師能夠透過言語，透過精微及個人化的影響力，傳達極為深奧的靈性真理。這些課程內容以書面形式在此呈現，以激發所有尋求了解生命中各種情境與行為之意義的認真學生們，去做更深刻的反思與分析。

在本書集結的八場演講中，斯瓦米·拉瑪針對人類最重要的責任——了解自我，提供了一系列的觀點。「業」（Karma，或音譯卡瑪），也就是「實行（doing）與存在（being）的行動」，經常被比喻為由眾多繩線串成的繩索，用以形容自身被困在業繩的綑綁中，被生命的痛苦以及經歷輪迴轉世的必然性所折磨。業繩的繩線，就是行動、想法、欲望，以及深藏於潛意識心中的隱伏人格傾向。在這些構成「業」的各種面向作用下，心一直處於持續被煽動、不斷向外尋求撫慰的狀態，結果讓許多物質、想法、幻想和享樂爭相奪取了人心的注意，於是人們變成了這些東西的奴隸。

只要心依然處於這種分心與渙散的狀態，我們就喪失從業力中解脫的希望。但是在這本書中，為了展示每個人都必須透過研讀自我，來為自己解開束縛，斯瓦米·拉瑪為我們分析了業的架構和心的作用。

本書中，斯瓦米·拉瑪為我們說明了自我解脫的過程，其中分為三個重要的階段。首先，斯瓦米．拉瑪明確地告訴我們，祈求得到我們各種行動的「結果」或「成果」的那個欲望，就是我們被俘虜為奴隸的根源。因此，我們必須培育自己練習無執，並為他人福祉供奉出我們行動的成果。無論行動的善惡，都會讓我們形同奴隸般受困；我們必須學習無私地在人間生活。

第二個被揭示的自我開悟必經階段，就是意識心和潛意識心的淨化，淨化那些欲望、想法及習性，這些東西有如黑幕遮蔽了我們，使我們無法觸及真理。心被幻象所蒙蔽，只要我們依然把非真誤以為真、把非永恆視為永恆，就不可能得到真正的自由。為了幫助求道者可以開始實踐自我淨化和明辨真偽的人生任務，斯瓦米．拉瑪也為我們介紹了瑜伽的技巧。

最後，斯瓦米．拉瑪告訴我們，只有當一個人可以超越心的限制，到達至高的超意識境界，也就是所謂的三摩地，那寧靜之境，一個人才能夠真正證得業力解脫。唯有透過靜坐的練習到達此境後，真理的尋求者才能獲得至上本我的直覺覺知，並且通往自由。那是得以完全無私地執行行動的自由，那是真愛的自由。

「業」是我們自己所製造出來的產物，我們今日所經驗的一切，都是自己過去所創造的結果。同理，我們的未來也掌握在自己的手中。這本書成書的目的就是為了幫助我們，幫助所有渴求自由與真理者去創造一個可以迎向解脫的未來。

我們要特別感謝明尼蘇達大學物理系的羅傑．瓊斯教授（Roger Jones）和夫人，協助打字、謄稿及撰寫這些演講的初稿。

目次

FREEDOM
from the BONDAGE of KARMA

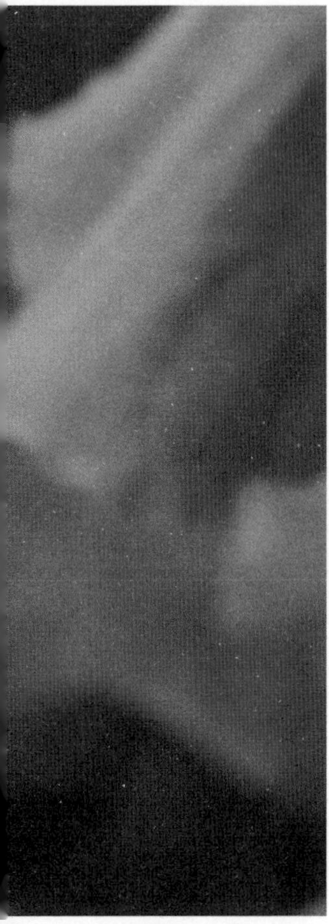

Photo by Eric Wang on Unsplash

CHAPTER 1

業力的繩索

FREEDOM from the BONDAGE of KARMA

在古雅典雄偉的德爾菲（Delphi）殿堂牆上，刻寫著這幾個文字：「認識你自己。」從此這個主題就遍及人類所有的哲學思想。在西方，它被認為是希臘哲學的遺產，但實際上這個概念源自更古老的東方智慧傳統。每個人都想要認識自己，了解生命的意義和目的。印度先賢的目標是教導人類處理人生最重要的問題，這問題關乎我們應該以怎樣的方式活著，不只是自己本身的存活，而是要知道如何處世、如何於外在塵世中生活。為了生活在這個世間，我們必須了解業力（行動）法則，以及如何履行我們的職責。

「行動」的梵文字是 karma，源自於字根 kri，意思是「去做」。一個人從事各種行動，然後得到相關的報償，接著再把這個報償移轉給為他們完成工作的其他人。因此，行動會產生出成果，而成果會再生出行動。從遠古時代開始，生命就是以這樣的方式不斷演進著，這就是所謂的業力法輪。帶著想要獲得成果的動機去行動，就主動招致了束縛。而放棄這些成果，則可以讓我們免於一切的苦痛。讓我們來思忖一下這是如何發生的。

如果所有人都能理解為眾生福祉去奉獻一切的價值，就不會有人只為了自己而生活，所有人都會由於互相體諒、彼此思量而連結在一起。那些為了眾生福祉而奉獻生命的人，會受到眾生的本我（也就是宇宙之主）的支持，來維續其生命。

一個能因為放下行動成果而感受愉悅的人，是一位真正的瑜伽士。沒有放下這個成果，就不可能證得圓滿。

希求行動成果的自私欲望，就是一切痛苦的根源。無論是誰，只要他是為了自我滿足而對行動成果產生依賴，就會發現自己受到束縛。在現代社會中，每個人都為了自己而保留勞動的成果。這樣企圖掌握的占有慾，催生了一個由自我所創造的邪惡與痛苦的世界。僅有少數的幸運者為了他人的福祉做出奉獻，他們無私地執行自己的職責。但大多數人都無法掌握「享受」的幻滅本質，因此經常深陷於哀痛之中，他們還以為享受才是通往永恆快樂的方法，這確實讓人有如置身於迷宮。要使這些無知的人擺脫苦難的束縛，即使並非完全不可能，也是極為困難的。

執行行動的正確態度

為了讓一個人理解他的行為和職責，必須要先教導他擁有正確的態度。「態度」在一個人的人生中，扮演著重要的角色。每一個帶著世俗思維的人，都只會滿腦想著、滿口說著「我」以及「我的」。這是「我的房子」；這是「我的財產」；這是「我的財富」等。他們認為除了自己本人和那些為他做事的人以外，沒有人有權利享受這些財富，這就是現代人的態度。當今人類社會的大多數管轄規則和條例，都旨在保存行動的成果，全世界所有的政府都在立法保護人們自私的品質。將來是否會有一天，人們能夠開始學會善巧地執行行動，並為了他人而放棄自己行動的成果呢？

然而，有極少數的人，在了解我們此處所呈現的觀點後，準備放下他們所謂的權利，願意放棄行動的成果。阿拉夢想著要在人間此處建立天堂，至今對很多人而言依然只是一個夢想。如果人類真的想要提升自己，唯一可能實現的途徑，便是意識到無私行動的重要性，並從業力強大繩索的束縛中解脫，重獲自由。人性需要重新定位；人類的態度必須改變。經典中提到了兩條道路：「行動之道」和「捨離之道」。我要告訴你們，「正確態度之道」也將有助人們建立一個更美好的社會。

「放下業果」（**Karma-phala tyaga**）是唯一可以幫助全體人類建立永恆祥和的信念。此非凡的信念教導我們要謹記，無論如何都要履行自己的責任，並且不要欲求其結果。在成功執行自己的行動之道前，人們會面臨三個障礙，分別是：

1. 享受著自己行動的成果；不把成果送給他人。
2. 無法善巧並無私地履行自己的責任。
3. 做出不恰當的事情，使行動本身成為進步的障礙。

由於這些障礙，讓一個人無法成長。適當地理解並應用以下三個原則，將可以幫助人們獲得智慧，並且從痛苦的束縛中解脫。

1. 放棄行動的成果。
2. 善巧地履行責任，讓「完成責任」成為行動的唯一理由。

3. 放下自我享受的欲望。唯有放棄對享受標的物的自私欲求，我們才可能獲得自由。我們必須學習放棄對自私享受的渴求，並開始無私地為了他人執行行動。

在發展及成長的道途上，一個人應該學習去擴展他自己，只要透過為了他人的福祉去從事無私行動，進而得到快樂，就可以做到這一點。一個希望確實掌控自己行動的人，應該學習以下的行動原則：首先，避免讓行動成為開悟之道的障礙；第二，讓行動成為開悟的工具；第三，讓正確享受的技巧，成為一種生活的藝術。

在生活的藝術中，「力量」是主要的關鍵。然而，在現階段，生活行為的指導原則往往是一種虛假的價值觀，力量不應該建立在這樣的價值觀上，而是應該建立於內在本我的真實本質。當一個人開始覺知到這居於內在的力量源頭，他就能夠掌握享受周遭事物的技巧，又能一邊保持超然，不執著於它們。所謂至高的喜樂，就是在服務他人的同時，透過行動和言語這些所謂的業行去找到愉悅。當一個人已經學習理解到行動藝術的重要性，自然會想要知道這行動（karma）的確切意義究竟是什麼。

瑜伽科學的編著者帕坦迦利說，確實掌握人生的三種必要行動，分別是：控制感官、研讀指定的文獻，以及將注意力轉向居於內在的至高神主。[1]一個人應該帶著獲得寧靜、減輕身心苦惱的動機，來練習這些紀律。

人生有五種苦惱：一、無明（nescience），二、自負（self-conceit），三、愛戀（attachment），四、厭憎（hatred），五、虛假驕傲（false pride）。[2]有些苦惱依然保持在潛伏的狀態，需要認真努力以便解除這些苦惱的束縛。這五種心的態度，都會讓我們難以精通上述三種紀律，但是透過持續恆心的練習，可以幫助我們達到目標。

解開業繩，從消去外在世界的知識開始

業不只是單純地把所有個人的行動加總起來，業的力量要比那個加總起來的更為強大。因為它既包含了那些行動（因）的結果，也包含了那些行動在潛意識心所創造出來的印象或傾向。我們講述了業力法則中介於行動及其結果的因果關係，此業力法則精準地管理著人類的生命以及意識層面，一如力學定律精確地被應用在物理領域。在業力法則中的主要作用因子，就是「印記」（samskaras），它被儲存在潛意識的心湖中，記錄了人的性格、情境及活動。瑜伽科學的目標就是要讓人們從業力的束縛中解脫，從而幫助他們可以證得與無限合一。

我們可以把業想像成一條由許多繩線串纏起來的繩索，這些繩線彼此交纏，使得繩索強韌牢固。業的繩索不可分割地交織入每一個生命的織布中，它緊緊纏繞住所有會呼吸的生命體。我們越是強力掙扎著想要掙脫業

的繩索，它的抓力就越是紮實牢固。若要從中逃脫，我們必須先獲得有關本我、心及內在真理的知識。

大多數的知識都是來自於外在世界，我們透過感官的感知、父母及學校的訓練、鄰居和社會的傳統等，獲取了外在世界的知識。這類知識在梵文中稱為 apara vidya（此岸的知識）。Vidya 的意思是「知識」，para 的意思是「超越」，而 a 是一個代表否定的字首，因此，apara vidya 的意思就是：非來自超越的，而是來自此處的那些知識。只有 para vidya 或者說超越的知識，才會引領我們走向開悟和解脫。apara vidya 通常是那種透過論理程序，或者透過心和感官與物質世界接觸，所獲得的知識。至於 para vidya，認真的求道者需要消去所有以這種外在方式學習而來的知識。為了取得能讓他解開業力束縛的知識，他必須先解放過往的學習，解放目前所有學習在他生命歷程中所留下的痕跡。

在這個消去學習的過程中，我們會發現到，無意識知識比有意識知識更強大。如果我們告訴一個人，不要去冥想一隻猴子，那麼我們幾乎可以預測他絕對會把冥想的大部分時間都全神貫注在猴子上。這解釋了所有學習中的無意識成分。

有意識心非常的擁擠，想要獲取高階知識卻僅訓練有意識心，實證效果將會很小。我們必須穿越有意識心的表面層次去往無意識心，重要的問題是我們能夠去到哪個程度，我們可否有意識地去訓練無意識心呢？這個問題對很多即將成為老師的人，特別是瑜伽老師而言，是令人感到沮喪的，因為這暗示著一位瑜伽士的真實知識大多是透過無意識心的學習，而這些是無法透過口語或智性上的理解來被傳授的。大多數的知識傳遞都僅僅是仿效，它根本無法幫助我們獲得更高的知識，並從業力的繩索中解脫。一位真正的瑜伽士會透過樹立典範以及微妙的影響來教導學生，而非透過口語的交流。

我們從外在世界收集的大多數知識，都會對心產生干擾的效果，就如同把一塊扁石投入了鏡面般靜止的池塘中所產生的波瀾一樣。因此，第一步重要的學習，並不是大跳躍式地立刻獲得智慧，而是先讓心的表面不受到這些外在知識的干擾。求道者必須自己完成這個步驟，沒有人可以給他終極的智慧（或稱為「三摩地」）的開悟境界，他必須點亮自己的燈。為了到達這樣的階段，首先他必須要擺脫自己有意識或無意識所創造出來的東西，因為它們大部分都是環繞在本我周圍的柵欄。因此，這種向外學習大都無法引領我們開悟，它們都是讓我們不得開悟的障礙。

自己做好準備，才能獲得真知

一個人目前生命的情境狀態，都是歸諸於本身行為所創造出來的業，而非本人以外的外在原因。我們既不應該將目前的窘境歸咎於神，也不應該歸咎於命運或形勢。個人受苦於過去行為的事實，並非上帝律法上的不公允，而是他自己未能善循本命、依其本質，來如法妥善治理自己的生命所致。

大量的祈禱或敬拜並不會有太大的幫助，成天到處求神拜佛嚷嚷著：「神啊，神啊，神啊。」這樣對改變一個人的現狀並沒有助益，就好像一個小孩成天吵著要東西，整天哭喊著「爸比，爸比，爸比」。信念要比信仰更重要，透過追尋的過程而產生的堅強信念，可以幫助我們自己。在危機時刻，信仰並不能提供安慰，個人本身的信仰經常被證明是脆弱且令人失望的。信仰神主會落入機械式的俗套；不斷央求神賜予「恩惠」，並不能帶來自由和解脫。求道者必須持續地準備好自己以接受真實知識，那才是可以讓他開悟與解脫的知識。他必須尋找更深層次的知識，那是隱藏在表面事實與認知經驗底下及背後的真知。

《聖經》中將其教導分為三種層次來說明。第一層是所謂的一般教導：這部分可以被大多數人所理解，無論他們的準備程度在哪一個階段，例如在《舊約》和《新約》中陳述的一些歷史、律法及事實數據，都屬於這一類。

第二層教導是為了弟子，也就是那些已經受戒律，準備尋求開悟的弟子們。例如《登山寶訓》或者基督證言「你必須完美如天父」就屬於這一個層次。但大多數的人由於還不願意努力去克服自己的不完美，經常在還沒有準備好的時間點就聽到這樣的訓言。佛陀和奎師那（Krishna），還有基督，都說我們可以從不完美中解脫，但是想要克服我們自身的不完美，光靠相信神和宗教信仰是不夠的。我們必須成為生命的學生，但除非我們願意研讀自己的行為，並依照正確方法來落實學習，否則依然會感覺無助。

遵循第二層教導很重要，因為在這類教導中，對於行動的意義和啟示更為明確清楚。你們可以在以下文獻中找到這第二層的教導：耶穌的偉大訓言、帕坦迦利所編著的瑜珈心理學：《瑜珈經》以及《薄伽梵歌》（*Bhagavad Gita*）。

聖經中提到的第三層教導是最高層次的教導，也就是所謂的天啟。《啟示錄》就屬於這一類，這本書似乎是根據約翰的親身經驗所寫。《啟示錄》告訴我們，耶穌對他鍾愛的弟子約翰啟示了偉大的真理。天啟是一種至高的知識，唯有一個已經完成高度淨化及準備程度的人，才有資格接收到天啟。這種知識並不是來自智性上的能力，也不是透過有意識心來傳遞，而是一種神恩的賜予。唯有透過一心專注、自我淨化以及深度冥想，才有可能獲得這樣的恩賜。只有那些已經明白且直接經驗真理的人，才可以獲得天啟，這樣的人我們才稱之為上師（guru）。

在《啟示錄》中，我們讀到生命之書被封存，是誰打開了那個封印呢？既不是任何人，也不是任何神，而是一隻綿羊。這教導了我們謙遜的重要性以及淨化自我的必要。綿羊象徵消除瑕疵及實現完美。這也暗示著準備是感知真理的必要過程。一般而言，社會教導人們去膨脹和崇拜他們的自我。為了獲得啟示或真理，我們必須違逆這個趨勢，必須淨化我們以自我為中心的意識。

《啟示錄》也教導了直接經驗是知識的真正來源。一位偉大的大師只會根據自己的親身經驗來教導，真正的知識不是從身外而來，而是只從內在湧出。一個弟子可能會抱怨說：「我的老師都不展示神給我看。」但是老師會回答說：「首先，請告訴我，你想看到哪一種神，那麼我就會把祂展示給你看。」每個人對神的形象都有各自的主觀選擇，但每個人最終必須自己決定他想要認識的是怎樣的神。

每個求道者必須先讓自己完美，不要期待上師會幫你做這些事情，弟子必須檢視自己，如同站在一條河流的岸邊，當生命之河在他面前流過時，他必須去自我探詢：「我是誰？」

人們經常都只是窩在過去或害怕著未來，而不去學習活在此地此時。我們不應該總是把自己安放在已經無法倒轉的過去，或者還沒有到達的未來。我們必須努力去消除念頭之間的空隙，一旦這個空隙被消除了，時間也就不見了。沒有了時間之後，也就沒有了因果關係。生命應該宛如一條河流，它應該不間斷地流動。我們不應該去在意已經流逝的，或者還沒有流到跟前的河水。我們應該只讓當下占領我們，讓當下把我們的每一個時刻填滿，直到我們擴展進入整條河流的意識之中。一整條河其實始終都保持著穩定、永恆的存在，儘管河流的流量波動讓它看起來像是起了變化。

展開層層自我，進行檢視

在研讀生命哲學時，我們會發現人們被業力束縛。每當你執行了一個行動，就會想要獲得那個你欲求的或正在追尋的成果，於是你就被那個行動所綑綁了。只要我們還沒有放下行動的成果，所有的行動就都會帶來束縛。即便是善行的行為成果，還是會束縛著我們。你無法藉由行善來獲得自由，因為你仍然對善行的結果有執著。順帶一提，在東方的觀點中，「惡」，或者說邪惡，並不像在西方那樣被視為一股獨立的力量。邪惡是不完美，但不是說我們內在一直存有一股惡勢力，或者有個永遠屬於我們的壞品質。我們不應該把自己當成一個迷失的帶罪者；不斷抱持罪惡感，只會阻礙我們成長，難以達到完美。我們的任務是要擺脫對善行及惡行之成果的執著。擺脫束縛之境，也就是完美之境。

瑜伽教導我們如何不執著於成果來執行行動。我們之所以追尋行動的成果，只是因為我們沒有覺知到自己真正的需求。只有一種需求是真正重要的，那就是從痛苦中獲得解脫。那也就是耶穌所說「你必須完美如天父」的真正含意。這個教義也是印度教和佛教的中心思想。

為了展開朝向自由的旅程，我們必須分析行動繩線的本質和來源，以及織在那些繩線底下的其他纖維。所有的事件於外在世界發生以前，都已經先在內在世界發生過了。有意識或無意識的思考，是所有實際行動的前導，因此，我們需要去檢視這些思考的本質，以便徹底了解我們的行動。

我們要如何從厚重的行動繩線以及更細緻的思考中脫困呢？仔細查看這兩條絲線之間的關係，我們就會注意到心是如何輕易地隨意漫遊漂流，多麼容易讓我們從正在做的事情中分心。我們經常做著一件事情，卻又同時想著另一件事情。不是行動在決定我們的想法，相反的，無論在有意識或無意識的層次上，是思考過程在統轄我們的行動。

另一方面，思考過程則受到其下更細緻且更強勁的欲望繩線所支配。而潛伏在底層的，是所有繩線中最細緻卻最強勁的印記繩線，或者梵文的*samskaras*，它們是驅動我們整體生命的原始情緒、衝動和傾向。它們是我們從無數的過往前世所攜帶過來，潛藏在潛意識心中的印象；印記激發我們的欲望，欲望再反過來觸動我們的想法，想法最終變成我們的行動。這些繩線都彼此交纏在業的繩索上，我們尋求的就是要從這條粗繩的束縛中解脫。

因此，解脫意味著擺脫我們自己的無明。為了完成這個研讀自我的任務，我們必須把所有層次，包含行動、想法、欲望及印記，全部一層一層地展開。雖然我們可以借助理性思考或經典來做部分的剖析，但我們終究會因為自己有限的經驗，而依然困頓在某個層面上。我們無法超越自己受限的心域，只有透過善巧且無私地執行行動、透過靜坐，以及最終透過發現內在的不朽本我等方法為基礎來研讀自我，我們才有可能到達新的經驗和知識層次。這些就是瑜伽的方法。

這種自我檢視可以幫助我們。為了了解自我並擺脫所有苦痛，「讓整個自我層層展開」應該成為我們唯一的追求。我們轉世成為具有實質身體的人身，正好提供了我們去進行這種自我檢視並獲得解放的機會。

實體的大腦充當著能量的來源，神經系統則分發了這些能量好讓身體可以運作。要有一個好的心智，需要搭配一個健康的身體和神經系統，以便運作及管理生命的過程和自我發展。瑜伽的淨化法幫助我們獲得這種必要的健康狀態，神經系統的淨化讓我們可以穿越進入比一般狀態更深入的心池裡。隨著我們逐漸的進展，會發現從心池底處升起的干擾波瀾。當這些從心池的最深處浮上表面的波瀾，進入我們可覺知的範圍時，我們無法避免地必須與自己的印象、欲望和想法正面衝突。我們必須跳入這心的深層底處，以便根除所有干擾的源頭，看見我們真實的本質。在那裡，我們也會發現真理，並實現解脫。

譯註

[1] 斯瓦米·拉瑪所指的是《瑜伽經》第二篇提到的「行瑜伽」（kriya yoga）：苦行、研習自我、奉神。

[2] 《瑜伽經》中提到五種苦惱：Avidya（無明）、Asmita（有我）、Raga（愛戀）、Dvesa（厭憎），以及 Abhinidvesa（死懼，恐懼，或斯瓦米·拉瑪在此談到虛假的驕傲，驕傲究竟的原因源於恐懼。

Photo by Clarence E. Hsu on Unsplash

CHAPTER 2

心是精細
卻強韌的繩線

FREEDOM
from the BONDAGE *of* KARMA

任何事件在粗鈍世界發生之前，它必定已先在微細世界中發生。心會先行於實際行動，因為心比身體來得微細，想法比行動來得微細。然而，連接行動和想法的並不是一條直接互通的直線。在《聖經》及佛陀的教義中都曾提到，在業力繩索中的行動繩線底下，躺著微妙思考繩線的覺知。佛陀說過：「無論一個人想著什麼，他就會變成他所想的那個。」而耶穌基督也對弟子教導過同樣的理念：「你們的財寶在哪裡，你們的心也在那裡。」我們傾向成為我們思考的產物，我們的想法通常反映了過往潛意識巨大藏庫中所儲存的業。為了不再受自己思考的束縛所奴役，我們必須覺知自己的心是如何運作的。心本身有如一個忙碌的工廠，它讓我們失去對自己靈魂與精神的覺知。因此，了解並規範這個心的工廠是十分重要的，如此我們才有可能了解自己的靈魂和精神。

正確的學習始於對無明的覺知。自以為知道一切的人，就是一個愚人。一個有智慧、謙遜的人，會承認他什麼都不懂。這樣的人才真的懂得一點什麼。甘地說，他一生中所學到的重要事物，大多都是來自孩提時期。孩子有著自發的認知，比起智性，他們更仰賴本能。因此，孩子所擁有的知識，要比大人更接近直覺知識及其真實本質。我們必須努力保留孩子心的這種品質。我們要開始關注那些讓自己遠離知曉真理的原因，也就是心本身。我們將會發現自己本來就認識神，為了了解自己的真實本質，我們必須要認識和了解的，就是我們自己。

藉由向外研讀「業」的性質，我們無法了解它真正的內在精髓。我們應該要牢記，整個身體都在我們的心裡，但整個心卻不都在我們的身體裡。是「心」為人類造就了地獄和天堂。如果我們能夠好好了解心的所有作用，它可以成為幫助我們開悟的工具。要證得圓滿，意味著要完美地控制住心以及心的波動，每個人都必須要提升自己，從這個角度來看，從外而來的援助是極為有限的。我們都渴望把自己提升到證得靈性的高度，沒有人希望自己墮落。但是僅有少數人真的踏實認真地遵循求道之路，一般人都想像著要借助外力來幫助他們提升。我們經常這麼認為：甲先生對我產生極大的助益，但是乙先生卻害我沉淪墜入谷底。然而這並非正確的思考模式。我們可以換個說法，說今日全世界有上百萬的人在哭號，是由於他們為自己創造了所有的悲苦嗎？這問題的正確答案是：「是的。」每個人都是他自己快樂或痛苦的創造者。

人類是兩個世界的公民，一個是他自己思維中的世界，一個是他周圍的世界。他把內在的想法投射到外在的世界上，然後一廂情願地依照自己的想法，去感知外在的事物，而這樣得到的感知，往往並非那些事物原本的模樣。例如，如果你藉由觀察夫妻關係來研究外在世界，你會發現他們會因為自己的行為去互相責怪對方。他們把自己的思維投射到對方身上，然後讓自己變得不開心。如果我們能夠正確的了解所有人際關係，生命的花朵就會愉悅的綻放。

在印度，婚姻是為了幫助靈性開悟而做的安排，並不是為了滿足生理需求或身體情愛。這並不代表印度人在這方面很冷淡或欠缺了解，而是印度人更重視人們應該為了靈性提升及作伴同修而結合。拉姆達斯（Ram Das）說過：「喔，心啊，跟隨虔信之道吧。」更多的人類能量應該要被導引到這個偉大的目的上，這可以透過內在對話與觀察的藝術來做到。不受控的想法讓我們進入精神療養院，但是受控的內在對話則可以導引我們了解心的本質，並有助於靜坐和沉思。

認識心的不同面向

事實上，心是什麼？什麼是心的不同作用？在現代教育中，我們都把重點放在心的單一面向，也就是所謂的理智面。我們為這個部分的發展感到自豪，並利用它的創作來增強私我中心意識，而這個私我中心意識就是真正靈性洞悉的大敵。為了覺知我們的無知，以及讓自己做好準備來接受真正的知識，我們必須研究並發展心的各種面向，而不只是一味地追求心的理智面。

研究「心」有許多方法，根據瑜伽心理學，我們可以藉由了解心波（vrittis），也就是心念的波動，來了解心。瑜伽科學的編著者帕坦迦利，設計了一套明確訓練心及其波動的方法，這套方法最終可以引領學生到達三摩地的境界。他教導我們四個訓練心的明確步驟：內攝（pratyahara）、專注（dharana）、禪那（dhyana），以及三摩地（Samadhi，自我了悟）。這是轉化整體人格的次第訓練步驟。

相較於論理分析，帕坦迦利的系統更強調實修練習。根據瑜伽心理學，若想要有成效地了解心和腦的本質，僅僅分析外在行為是不適切的方法，可惜這正是現代心理學部分學派所致力研究的方向。我們需要的是鑽研思考的過程，找出如何處理那些與我們想法和行動相關的問題。現代心理學和精神病學主要使用的途徑，是幫助人們在情緒方面下功夫，而瑜伽心理學則涵蓋人們身、心、靈所有層面的訓練。只憑藉研究行為或情緒，我們無法進入心靈深層去一探究竟。僅僅透過表達情緒，並不足以訓練我們達成情緒面的成熟與穩定。

我們必須強調這個重要的事實：至今尚無任何現代心理學的概念，確實地指引我們超越潛意識心。將來如果有一天，這些心理科學的支派想要開始探索超越心識的領域，他們勢必得融入瑜伽的方法，也就是數千年來瑜伽科學中早已建立的系統性靜坐法。

在靜坐時，會有許多事情闖入我們的覺知範圍內，並形成對我們的干擾。例如，我們可能發現自己受困於個人心與集體心（collective mind）之間的衝突。我們在嘗試靜坐時，這些衝突會造成我們的躁動與困擾。但是透過持續不斷的靜坐練習，我們可以讓己心的躁動受到控制。靜坐意味著全然的覺知，心必須變得專一，心的活動和念頭將變成如同將油從一個瓶子倒入另一個瓶子般連續平順。我們可以覺知並專注在每一滴油的流動，同時也留意到其連續性。在念頭與念頭之間沒有間斷。透過靜坐，人格擴展將朝向與萬物合一的境地。這擴展會蔓延到整體宇宙，我們學習在萬物中看到同樣的真相，無論是在一條蛇或是一位斯瓦米（swami，意指靈性導師）身上，我們都會看到相同的本質。

心的其他狀態會讓我們走岔了路，而我們必須不斷努力去克服這些狀態。以作夢為例，夢的作用是為了實現我們的欲望。當靈感和欲望無法實現，我們就會夢見它們。所以，夢可以說是我們受壓抑願望的一種單純展現。夢根基於一些事實，但它們並沒有表達出事實。反之，對於一位斯瓦米而言，清醒與睡眠時並沒有區別；他並沒有受壓抑的欲望，因此也不需要作夢。睡眠和作夢無法改變我們的人格，唯有三摩地可以。

超意識境界甚至可以讓一個傻子變成聖人。因為上師們已經證得超意識境界，他們的教導與智慧應該要備受重視。他們就像外在知識與光的傳導器，接收並傳導這更高的能量給我們。尊重上師並不是尊重他個人，而是尊重透過其物質身體所傳達的光與知識。因此，僅僅透過上師的物質形象或儀式的朝拜是不夠的。我們必須將他的建議與教導，視如真實的光與知識，這些教導的本源要回溯至終極真理之源，它們透過時間長河中歷代上師的代代相傳，才傳到我們的手裡。這真理只能透過成就了全然專一、心已受控、到達第四境界[1]後，才可能被證得。

處理內心深處的激情

在處理思考過程時，我們必須面對想法列車所帶來的許多問題，這些想法可能是以各種形象、符號、圖像、概念及幻想出現，它們實際上都根植於我們內心的更深層次。我們可以把它們全都稱為「激情」。我們的激情就是情緒的根源，而且我們必須要認真處理自己的激情。

舉個例子，有一位斯瓦米講述了一個故事，他的上師指導他去參拜另一位老師，請他教授這位斯瓦米如何克服易怒的脾氣。經歷了長時間的搜尋，這位斯瓦米終於找到了住在偏遠山上的那位新老師，但他看起來好像已經死了。這位斯瓦米花了很多時間和方式去試探、測試，想要確定看看這位老師究竟是死了或是還活著，最後，他說服自己，這位老師應該是死了，於是他憤憤然地離開了。

當他下了山後，聽見有一個聲音在呼喚他回去，於是他又爬到山上，然後他發現那位老師其實還活著。這位斯瓦米立刻撲倒在這位老師的腳下，要求老師的原諒，因為他做了各種試驗來測試這位老師是否還活著，並哀求老師幫助他克服憤怒的問題。

這位老師立刻在他正胸口上踢了一腳，把他踢到遠遠的半山下，斯瓦米非常生氣的站起來，跑回到那位老師跟前，全身充滿著憤怒與暴力。當這位斯瓦米正舉起了拳頭準備出手時，老師跟他說：「你現在可以離開了，很明顯的，你還沒有控制好你的怒氣。你剛剛所有的懇求和拜託有什麼用？就因為我把你踢下山，你就氣得半死，那是一個內在祥和的人，一位斯瓦米該有的行徑嗎？」

這個故事告訴我們，在瑜伽心理學的方法中，一位老師不只是教導我們去檢視自己並找出自己的問題，他還會給予我們實用的教導，並幫助我們發展內在力量去克服這些問題。

當我們憤怒時會發生什麼事情？我們會被一團由自我與自私形成的雲霧所籠罩，那有如一團激情火焰，異常地吞噬了我們的心態。我們必須要消去這些習慣，為此，我們不僅僅必須分析自己，也要遵循可靠的方法與技巧，來幫助我們克服這些問題。

意識狀態的四種境界

研讀《曼都卡奧義書》（*Mandukya Upanisbad*）可以幫助我們了解心。我們要如何知道自己有個心，還有其他種種的存在呢？所有這類的知識都是在我們醒著的時候得知，在此醒境中，感官和心的有意識部分會彼此協調，如果心的有意識部分沒有和感官協調，那麼你不是在作夢就是在靜坐的狀態。在這正常的醒境中，如同西方普遍在實務上的應用，我們會強調教育的過程，同時賦予理性極大的價值。一如我們先前所提及，根據瑜伽科學，我們把意識狀態分成四種境界：醒境、夢境、眠境，以及圖瑞亞境（turiya state），第四境。

圖瑞亞或者三摩地，是真知與開悟的境界。缺了這一境界，我們就依然受到業力繩索的束縛。事實上，有些動物要比人類更能有效率地利用本質。例如，動物可以本能地預感到地震等危險，牠們的心不會干預或抑制這種本能的自然運作，牠們經常比人類更能處理問題和困難。在另一方面，人心太過擁擠，以至於無法像動物那樣容易地接受本質的引導。此外，西方將大量的注意力都放在醒境，實際上根本不知道如何利用夢境和眠境來幫助學習。即便在當今的印度，某些家庭仍然會利用孩子們睡覺的時間來教育孩子。如果父母懂得睡眠學習的方法，就能幫助孩子善用睡眠時間來成長，然後在孩子的心中種下印記（samskaras）的種子。孩子的心宛如一根柔軟的竹子，容易被彎曲塑造；而成人的心卻總是被種種雜亂的心思霸占著。

現代西方思想傾向把難以用理性解釋的「心」的特定部分，直接當成不合理的存在。人們把超越理性當成劣於理性，畏懼它並避之唯恐不及。就是由於這樣的傾向，使得今日的西方世界仍然對第四境渾然無知，然而第四境具有強大的教育能力，也是直覺能力的最高境界。

我們在醒境的心，只有一小部分被研究和應用，而心的整體仍被遺留在無法解釋和運用的狀態。我們應該強化內在靜坐的經驗，同時讓這經驗釋出更精妙細膩的流動，來穩固我們的外在行為。透過這樣的過程，我們可以探索生命更深的層次。

我們都被特定時間內所累積的經驗總和給限制住了，心無法超越它所看見、聽到、想像或閱讀過的任何東西。然而，透過靜坐，我們能夠獲得嶄新、超值的內在經驗，這些經驗可以幫助我們進一步的成長。不過，我們必須謹慎分辨**內在**的各種經驗，好讓這些成長是真實並具有意義的。例如，幻視或幻覺無法轉化我們的人格，雖然它們著實容易讓人感覺興奮與印象深刻。

那些相信自己被惡靈附身的人，事實上是深受缺乏自信以及幻覺所苦。我們應該學習利用自己的整體心（whole mind）來保護自己，以避開這些虛幻卻錯誤的經驗種類。這就是《聖經》中一條禁令的真正意義：「讓那有耳能聽之人聽見。」我們必須發展整體的耳朵和眼睛，目前，我們只看見外在眼睛看得到的東西，而沒有使用到心和靈魂的真實眼睛。

為了糾正這樣的狀況，我們必須到達三摩地的超意識境界；光是有醒境的經驗是不夠的。聖者都知道三摩地的必要性，因為他們都已經充分地在不同的境界中活過、經驗過，知道每一個境界的益處。透過自己的經驗，他們學習到真正的知識只能降臨在第四境，也就是超意識境界。如果我們不能學會心的新用法，世界就不會有任何重大的進步。只有透過到達第四境，人們才能夠變得神聖，為了實現了悟與和平，我們必須讓心擴展到這個境界。

心存於四個層次。第一層與第二層就是我們日常生活中經常運用到的層次，也就是有意識心與無意識心的層次。在這兩個層次中，我們完成思考過程，感官與意識心彼此互相協調運作。第三層是潛意識心的層次。我們一般不會覺察到這個層次的活動，這裡儲存了我們所有的記憶、過去遺忘的經驗、情緒衝動、欲望，以及印象。第四層，就是我們努力想要達到的超意識層次，或說是完全覺知的境界。

有意識心很容易被訓練，它經常受外在刺激影響，並且在大部分的時間裡占據了我們的注意力。但是要訓練超意識心相對就比較困難。為了達到最高的層次，也就是超意識境界，我們必須先掌握住潛意識層次。為了掌握潛意識，必須先透過靜坐來讓有意識心獲得平靜，好讓潛意識心的內容可以開始浮上表面。因此，靜坐有三層的目的：第一，讓有意識心平靜；第二，教導我們如何不被潛意識心浮上的大量影像所干擾；第三，超越有意識心與潛意識心，到達三摩地的最高境界。

譯註

[1] 第四境界：意即《曼都卡奧義書》中提到的醒、夢、眠三境後的第四境界——圖瑞亞，是超意識境界，讀者可參考斯瓦米．拉瑪的著作：《唵與自力成就》。

CHAPTER 3

思考過程

如同我們在上一章講述的，在業力繩索中，心的繩線要比行動繩線更為強韌與精細。要控制行動要比控制想法容易得多。但是，學會控制思考過程是非常必要的，否則我們就無法獲得自由。藉由控制思考過程，我們可以控制儲藏在心中的印記，最終也可以征服我們的整個業力。

一個人可以透過自省（往內省察），發現自己想法的本質與起源。心的作用和內在動機，總是先行於外在的行動。我們經常出於習慣，機械式的做一些事情，這些慣性即是根深蒂固的心理模式。透過自我省察，我們可以學習去清楚地了解並檢視自己的習慣，以及習慣的來源。「人格」的英文是 personality，字根來自拉丁文的 persona，意思就是「面具」。這暗示著古代劇場演員經常在觀眾面前戴上面具，藉以演繹特定的人格特質。我們每個人也是如此，自己創造著自己的人格。我們的習慣決定了自己的性格，性格鑄成了自己的面具。透過自我省察，我們能夠改變習慣，從而改變性格及個性。為了改變習慣，我們必須覺知到自己的現況及目標。目標其實很單純，很清楚，就是要達到圓滿。

當我們透過自我省察而成長，我們的意識會讓我們更加覺知到自己的圓滿及不圓滿，然後我們對心逐漸產生更強的掌控能力。如果我們繼續不改變行為和想法，就會一直呈現出一個扭曲的人格；我們會經驗到心和身體之間、思考與行動之間的失調。

為了帶來那些可以影響習慣的必要改變，我們必須證得圖瑞亞境或三摩地。由於我們畏懼本我未知的那些部分，使得前往三摩地之路受到牽制。要記得，這個未知的心其實是你自己的創造，你不是你的思考過程，你是思考者，這樣的記憶對你極有助益。若不改變你的習慣，你就無法改變你的人格或思考過程。透過自我省察，透過觀察你的習慣、想法和行為在你身上帶來的效果，你就能學習去區分什麼是有害的，什麼是有益的；

什麼東西對你而言具有殺傷力，或什麼東西會為你帶來危險；你能夠學習到什麼才是你的真實本質，而什麼並不是。

在我們的本質中，我們是純淨、智慧、自由的。由於我們認同了非永恆，才讓我們變得不完美，就好像一個原本純淨的人被邪惡的朋友所汙染。我們可以透過自我省察那些在心中一連串的符號、概念、圖像和幻想，走向明辨的過程。我們可以立刻發現這些心理過程的參與者，與生活並非獨立無關。例如，符號是我們想像的一些事情的形式或代表，對我們而言具有特殊的內在意義。我們為它們上了色，如果沒有正確地分析它們，我們便無法信任它們。

因此要理解，有正確的知識以及錯誤的知識之別。瑜伽科學從來不要求我們盲目地去遵從任何事情，而是要我們學會分辨及分析。學習去分辨有用與有害的知識，是自我省察過程的一個重要面向。

有事實根據的就是正確的知識，沒有事實根據的就是錯誤的知識。感官感知是知識階梯上的第一階，然而，即便感官也必須仰賴事實根據。當我們被幻覺或想像影響時，可能會相信感官正在告訴我們一些別人無法證實的事情；因此，我們必須要學會明辨。我們必須確定自己從感官收集到的知識是有事實根據的。我們在靜坐時，大部分收到的是一些錯誤的知識。這些錯誤的知識盤旋在我們的心上揮之不去，強迫我們關注那些對自己產生干擾的事情，阻撓我們去尋找自己渴望的平靜與祥和。

靜坐的好處與目的

人們經常抱怨在靜坐的時候什麼都沒看到。事實上，他們應該為此而感恩。如果我們在靜坐中看見一些事情，那靜坐和日常生活有何差別？日常生活中，我們不斷地被感官的感知轟炸著，而靜坐教導我們離開這些，教導我們如何尋獲祥和。假使我們持續在靜坐中看見各種事情，如同平常醒時那樣，讓同樣的思緒充斥我們的心靈，那靜坐有什麼好處？通常，當我們嘗試去冥想時，就會看到一大堆心理過程的幻象和符號等。我們可以藉由學習不被所看之物影響，來消除這些莫須有的東西。

靜坐並非呆坐著思考或擔憂。相反的，靜坐是學習去跨越個人和集體心的藩籬。在此我們必須遵循帕坦迦利的《瑜伽經》，成為一個自己思考過程的內省者、觀察者與見證者。我們必須學習變得全然有覺知，並且透過靜坐以贏得人生的主控權。靜坐是有意識地從我們自我未知的部分、從內在的無限知識寶庫中，發掘出真知。靜坐不會讓你變得被動，靜坐會讓你充滿活力與創造力，然後容許你去全面發展內在與外在的整體人格。

心的四個主要作用

當靜坐者學習不去認同自己的思考過程及想法列車，就可以覺知自己的重要本質，從而在沒有任何身分認同的情況下，以不同的角度開始見證事情的原貌。靜坐者不會受到他人行動或態度的干擾，若要達到這樣的境界，我們必須學習心的不同作用。

根據瑜伽心理學，心有四個主要的作用，第一個作用是「心意」（manas），從感官接收的感知輸入與輸出。它是一個懷疑者，當我們談論到心的時候，通常指的就是這部分心的功能。第二個作用是「心智」（buddhi，或音譯為布提），指的是心的智慧，明辨的功能。第三個作用是「私我」（ahankara），這是我們私我的錯誤感覺，它讓我們錯誤地認同了自己的想法、行動和思考過程。第四個作用就是「心藏」（citta）[1]，通常被稱為「潛意識心」，所有的無意識記憶和情緒都被儲藏在此。

「心意」有如公司中的領班，它雇用了許多職能部門，但不喜歡接受心的其他作用下達指令，尤其是「心智」。心智原本應該是判斷與決策的中心，心意理當諮詢心智：「我應該要輸入或輸出？什麼對我而言是好的，什麼是不好的？」心意應該聽從心智的建議，我們必須磨利自己的心智，然後學習如何做出決定。我們必須使用智慧來克服慣性。

接下來的問題就和自我或「私我」有關。「私我」以為它才是這公司的老闆。這就是需要被淨化、轉化為至上靈魂或至上本我的那一部分心。淨化意味著私我的臣服，將私我交給內在本我處置。要記得，所謂使私我臣服，不是指壓抑或消滅它，而是放大並擴展它。在任何的思考過程或行動中，你應該要詢問：「我的私我意識是否妨礙了我？」你必須學習善用這個提問，去辨認有益或有害的想法，然後在私我造成麻煩時，選擇使私我臣服。

私我遺忘了它與至上本我的連結，私我創造了它自己的束縛，形成一座巨大的監禁堡壘，但是透過向本我、向神、向內在真理臣服，我們就可以征服這座堡壘。在私我堅持我行我素，或者企圖壓制本我和心的時候，我們必須學習否定私我。為了成長，我們需要滲透到直覺知識的更深層次，我們必須學習控制心的所有作用，讓心整合並專一。

最後，「心藏」是無意識的儲藏庫。它就像一個大螢幕，我們在上面畫滿了印象；它也宛如一座大湖，我們把透過感官得來的外在世界印象當成石頭，投入這座湖底。為了看清儲存在心藏底下的東西，為了學習如何處置及克服它，我們必須先讓有意識心平靜下來。這就是為何我們必須不斷觀察思考過程，並且看清其本質的原因。

我們通常會發現，思考過程會被願望（wish）、想望（want）和欲望（desire）所支持，但願望、想望和欲望並不總是相同。願望通常隱含著懷疑，我們不確定自己可以得到所許願的東西。想望通常是不合理的，它們是我們對不配擁有或者不可能擁有之物的想要和盼望。欲望則根源於基本需要，它通常表達出需要滿足某些衝動或欲求。所有這些都應該被徹底的檢視並篩選。在觀察想法列車通過的同時，我們必須決定哪一些對我們有好處，哪一些對我們有壞處。

全然整合的心

如果沒有全然整合「心」的所有作用，我們就不可能越過心的重重障礙，翱翔至開悟的較高層次。心的其中一個作用，不管是私我或心藏，都會壓制住我們，讓我們無法達到目標。當我們在靜坐時，必須一直在心中默想：「我是祢的，而祢是我的。」這句話的對象就是內在本我。這必須代表著將私我以及我們全部的一切臣服奉上。我們可以藉由複誦咒語、審視想法，以及學習超越所有的虛偽信仰，來實現這樣的臣服。

學習如何遵循《聖經》的真實教導，著實有其必要。「你必須完美如天父。」我們必須學習到自己是永恆之子，我們的目的就是要成長到達開悟之境。藉由閱讀《聖經》、《薄伽梵歌》以及其他偉大的經典，我們能夠學習到生命的內在意義。但是我們必須了解經典的真正涵義，例如，耶穌基督離開了猶太人，並非為了譴責猶太教，而是為了帶來革新，讓人們真的了解教義。那個了解就是基督意識或宇宙意識。這可以透過《聖經》或瑜伽或佛陀的教導來學習。耶穌基督、帕坦迦利和佛陀都有著一致的目標，都教導我們要努力求得無限本我的內在知識。

如果沒有全然整合的心，沒有任何偉人能夠證得自我了悟或者神的意識。如果心無法專一並且內轉，我們就無法探視潛意識心的深層，超越妄想的泥潭。除非心整合為一，它將無法執行善巧的行動，因為思考過程及欲望的微細繩線，會持續成為解脫之道上的障礙。

為了擺脫欲望的束縛，正確的靜坐方法非常重要，而為了靜坐，我們必須學習淨化自己的心。我們可以透過自我觀察、自我檢視、自我見證，以及練習咒語（真言的科學），來實現心的淨化。真言的科學不只在瑜伽教導和經典中被提及，《聖經》與佛教中也有類似的教導。我們所接受的第一個啟引就是梵咒的啟引，啟引也可以說是神恩的賜福。啟引是透過文字和音聲，來導引我們內轉，探索本我的更深涵義。文字會產生音聲；音聲會創造微波振動；微波振動會產生形狀，而每一個形狀都具有意義。當我們需要一個朋友或一位嚮導時，咒語的意義會回應我們的需要，而那個意義也會一層一層地引導我們往深處走，走向內在本我。梵咒的科學是由老師和上師所引介的確切方法之一，透過梵咒，我們被引領進入內在經驗，去經驗覺知的至高境界。

譯註

[1] 梵文 citta 有兩個用法，一個被用於指稱心的全部四個作用，此時可以翻譯為「心識」，另一個可當成其中屬於儲藏過去經驗、記憶和情緒的心的單一作用，此時可翻譯為「心藏」。前者代表全部，後者代表局部，供讀者參考。

CHAPTER 4

業力法則

FREEDOM from the BONDAGE of KARMA

我們無法在不生想法和不執行行動的狀態下生活，然而在因果織成的網中，這些想法和行動卻會不斷地糾纏著我們。幸而，即便我們無法避免產生行動，仍然可能擺脫業力，擺脫因果的束縛。想要越過宇宙幻相（maya，或音譯為馬雅）與無明之海，到達智慧的遙遠彼岸，我們必須學會善巧無私地執行行動。為了幫助我們到達這個自由之境，研讀業力法則以及它如何影響我們的人生，可以給我們極大的協助。

業力是我們內在完美正義法則的展現，它是宇宙法則在人類小宇宙中的投射，並不包含武斷或懲罰的意味；這是宇宙通用的保證，保證每一個行為的結果最終都會回到其來源。業果可以立即發生，或延後實現，但它們始終無法避免。這即是《聖經》和《薄伽梵歌》的詩頌：「你怎麼栽，就怎麼收穫。」背後隱藏的真理。

認為我們的生命只有一回的想法，是錯誤的。我們誤把自己當成只是有利或不利情境下的產物，這些情境似乎被安排圍繞在我們的周圍。事實上，本我會輪迴轉世到許多的生命體，是為了配合業力的需要。轉世對許多西方人而言是一個奇怪的想法，因為在西方文化和傳統上，這是一個外來陌生的概念。《聖經》裡並沒有提及轉世，而在東方偉大的經典中卻普遍可見。

然而，即便在聖經時代，當時橫跨東方與中東，轉世都被視為理所當然。耶穌基督沒有公開對其尚未準備好的信徒傳授輪迴轉世的概念，是為了避免他們養成宿命論的態度。從古希臘時代開始，有些西方人就已經知道並談論了轉世這個議題。許多的哲學家，例如柏拉圖、黑格爾及叔本華，都接受這個概念。對於柏拉圖而言，轉世是一個重要的形而上學原理，因為根據他的教導，此生所建立起的知識是根基於前世獲得的學習與經驗。

業力的概念導出一個結論，那就是沒有任何一件事情的發生是偶然的。這並不是一種宿命的概念，因為無論發生何事，都是我們先前選擇和行動的結果，也是為了完成個人經驗的必然。我們身上已然發生的事情，是過去行動的實現；未來的一切也同樣會是目前行動的結果。先前行動所創造的業無法被改變，但是，我們有能力決定未來的業。

重生為人，就有改變「業」的機會

轉世為人身，有特別的優越之處。在生為人時，我們被賦予了一定程度的自由意志，能夠將之用於靈性的成長，以克服過去業力的束縛。為了檢視人類的自由意志如何在自然法則中運作，我們必須了解宇宙的四大王國：人類王國、動物王國、植物王國和礦物王國。

人的生命提供了進化到某種命運的機會，命運只由我們自己決定。當我們對行動的成果產生依賴時，我們的命運就轉化成需要更多額外轉世的形式。但是透過無私的行動，我們有機會在此生獲得解脫。動物與人類相反，牠們根據本能去從事行動，因此牠們的生命絕大部分都被自然法則所統御，對自己的生命沒有太多主導權。植物就更被動了，它們擁有更少的本能，但它們確實是活著的生命。（儘管如此，植物卻是相當敏感的，它們甚至可以彼此溝通並經歷情緒。）植物王國受到大自然法則更明顯的牽制，因此植物掌握自己命運的程度又比動物更低。

沒有自主權的極端例子就是礦物王國，這些無生命的泥塊與石頭，完全受制於自然法則，絲毫沒有自我決定的任何機會。相對於其他王國，人類平均能掌握自己生命的五成，開悟的人們則已經能夠完全掌握自己的生命。我們之所以成為現在的模樣和狀態，是因為自己想要成為這樣。實際上，是我們自己贏得了目前的現狀；每一次的轉世都給了我們新的機會，可為未來的靈性發展創造出一個更有利的情境。

重生為人，是獲取經驗的必須條件。獲得經驗後，則可以逐漸擴展到本我意識的全面覺醒，也就是與神合一。透過業力的宇宙法則運作，本我重生於特殊的情境條件，以獲取必要的經驗，並完成前世遺留下來的未完成功課。

看清業力的根本原因

為了了解業力法則以及它如何影響個人，我們可以借用一個舉弓射箭的人為例。那些已經射出的箭，就像是過去的業，我們對它們已經沒有控制能力，它們就是個人目前的命運。我們曾經有能力控制它們，但它們已經決定了我們過去的命運。現前的業已經不在我們的掌握之中，我們能夠控制的，是當下才裝上弓準備要射出的箭。如果我們能夠善巧且無私地射箭，箭就可以射中目標。我們對自己的童年已經沒有控制力，但童年時期的後果卻依然影響著我們。同樣的道理，掌控現今的生活，也具備某些力量去決定我們的未來。透過無私及帶著愛地執行當前的行動，可以在知識之火中燒掉執著，從而創造出理想的未來。從業力法則的觀點上看，我們就不難理解大自然的平等法則與報應法則。

如果我們無法完全脫離行動的業果，至少可以把成果運用在人道上。善巧的園丁把勞力成果奉獻給主人，就克服了他的業力；諂媚逢迎的園丁表面上讚美著主人，卻不願意把成果上繳，這樣的他就會受到束縛。我們處事的方法應該是：我們必須放下行動的成果，停止牽掛著它們，如果我們把時間都放在牽掛和擔憂上，就必須重新再輪迴，把同樣的整個過程再走一遍。

如果我們只看業力的成效，「業」對我們而言就依然是個謎團。我們必須看清業力的根本原因，然後盡力去了解自由意志的本質。這需要我們學習去確實了解，我們在使用「願望」、「想望」、「意願」（will）、「欲望」和「印象」（impression）這些用語時的真正用意。願望總是帶著懷疑的元素；我們不確定自己可以得到願望中的東西。想望包含了一種衝動，背後有著一股強迫感在驅動著。想望是渴望的產物，而渴望的根源藏於名為「印記」的微細印象裡。這些印記是我們從過去帶過來的，是我們過去行動的成果，我們試著占有這些成果而不肯放棄，於是它們成為一種欲望執著，連同我們行動的成果，增強了業力繩索的強度。

學會活在內在世界

據說，真實之貌隱藏於一片金盤內，此金色圓盤乃是一個象徵，象徵生命一切的誘惑，也象徵業繩的微細繩線，也就是心思繩線的交纏層錯。

這心思繩線要比第一層的行動繩線更微細，卻更強韌，因為它涉及更多的內在世界，尤其是情緒和情感。

情緒上，我們好像在波濤洶湧的湖中之魚，大部分的回應都是對周遭環境的反應。當我們的身體被愉悅地刺激時，我們很高興，就稱之為愛。當我們受傷了，就稱之為痛或恨。我們不斷被這些外在影響所左右，然後像一條被困在波瀾中的魚一樣激烈地翻滾。

我們必須學會活在內在世界，建立起不受外在力量影響的祥和與寧靜。太過仰賴其他外在世界的生活，會讓這些祥和寧靜難以存續。我們的教育和文化，讓我們沒有時間去沉浸於自己的內在世界，遠離外在的干擾。

食物、睡眠、恐懼和性，是人類情緒的基本決定性因素。所有這些原始衝動，都以不同的方式控制並影響著我們。例如，一個和性有關的夢，可能讓我們感到滿足，但一個與食物有關的夢卻無法滿足我們。這是因為性在心理上有著巨大的影響，而一場夢中的饗宴卻無法真正滋養我們的身體。無論哪一種方式，所有這些外在的影響都會干擾我們的心。

我們對於外在世界的反應覺知，相較於內在世界要敏銳的多，外在世界可以控制我們的生命並阻礙我們的成長，這是如何發生的呢？我們害怕暴露自己，害怕別人知道我們的缺點，因此，我們少有機會去糾正個人的缺陷。我們人格的三分之二是超越自己的覺知與控制之外的；我們雖然與他人共處，卻無法真正彼此認識與友愛，因為我們連認識自己的能力都沒有。相反的，我們藉由愛別人來滿足自己，我們期待別人像一粒核子般，繞著我們周圍舞動，我們看向整個外在世界去尋找滿足，因為我們從未學習去探索個人的真實身分以及真正的需要。

我們認為這整個世界都屬於我們，卻從不承認我們也屬於別人。我們可能和某人分享床鋪，卻是同床異夢。我們很少允許他人進入我們的私人世界，我們雖然渴望有更多的時間留在私人世界中，卻又害怕進入這個世界，經常臨陣脫逃回到他人的陪伴。我們必須學習探索自己的內在世界，並且與他人分享。

假使你深愛某個人，那個人就不可能傷害你；然而，我們似乎無法與摯愛的人們分享內在經驗。我們在自己周圍建起了柵欄，不讓摯愛的人走進來，這些柵欄甚至比我們為了防範陌生人所建立的藩籬，更為牢固。當人們住在一起，他們需要花更長的時間去適應彼此，因為他們暴露了更多的內在生命。一般而言，因為難以確定需要多長的時間來適應，人們往往選擇放棄這段關係，然後嘗試去找尋他們以為更匹配的人。比起尋找未知，一切從頭適應，去嘗試修正那些已經部分了解的，其實更容易、更適切。一個你不認識的惡魔，比一個你熟悉的惡魔，更恐怖。

控制心的所有面向

我們要如何擺脫情緒以及原始衝動的肆虐呢？我們必須學習不被他人影響，並且試圖去了解我們生命以及行動的目的。萬物都必須吃東西，無論是狗、人或者出家的斯瓦米；但是，我們吃東西的目的是什麼？學習如何吃以及為何吃，是一門藝術。它是一件必須被了解並受控的行為。

我們為何想要活著？確實，我們應該都渴望長命百歲甚至更久，但是活得久的目的應該是為了開悟，而不只是為了留在人間享受。自我控制意味著學習在身體、心靈及情緒層次上調節自己。我們必須學習如何做，以及如何存在。

依賴外在刺激，總是會讓心變得渙散與凌亂。一顆散亂的心總是居於其他地方，我們對它絲毫沒有控制能力。當然，心可以分為自主及非自主部分，但是除非你能控制心的所有面向，否則心就不屬於你。一位大師可以控制心的所有過程，反觀我們大多數人都是被心收服，受心所控制，而非成為心的主人。換言之，我們的心啟動了行動，由於我們的不得自由，就被迫必須不斷收割這些行動的果實。

為了讓我們的心受控，我們必須鍛鍊意志力。為了這樣的鍛鍊，我們需要反過來研究身、心和靈的關係。意志力並非和我們以及我們的心獨立分開的能量來源；意志力暗示了一種心的特定狀態。平常我們的心都在一種渙散及凌亂的狀態，當心變得集中且專一，我們就有了意志力。一顆受擾、渙散的心，對意志無能為力。一個了解心的不同作用，並且已經能夠控制其所有作用的人，就是自己的主人。

一位偉大瑜伽大師的業力有何獨特性？如同我們，他也會有生命的特殊目的，以及必須完成的行動使命。這樣一位大師的人生道路選擇並非完全自由，但是他完全了解自己在做什麼以及這麼做的理由。他執行著職責，但不會變成這些職責的奴隸；如此的行動不會產生行動成果，因為他們把行動成果都奉獻給人類及神明。他就像一位陶藝家，在完成了陶罐後，持續轉動著製陶泥盤，他完全專注於當下善巧無私的行動，並自由地將行動成果供奉出去。他在當下唯一的關注，是如何讓陶罐變得穩固又美麗；而不是想著占有陶罐。每一個人的人生都必須執行行動，但祕訣就在學習去執行卻不收割成果。

在業力的繩索中，「心」比「行動」更細緻且強韌。在西方的心理學中，我們學習了很多有關心的面向，例如情緒、認知、意志等。在東方，在帕坦迦利的《瑜伽經》以及吠壇多（Vedanta）哲學中，我們以不同的方式來詮釋心。

瑜伽士透過經驗來接近心。他們以自己的靜坐經驗，來學習研讀心的內在狀態，他們已然確切地證實了心的第四境界之存在，那是無眠之眠的境界，是平衡與寧靜之境，也被稱為「三摩地」或「基督意識」。在此至高境界，人們能夠證得全然了悟並控制自己。

例如，基督把水變為酒，這怎麼可能，他是如何辦到的呢？他可以藉由進入第四境來辦到。在第四境中，他可以完全掌握本身的能力以及一切情境條件。在此至高境界中，基督可以將他的愛傳播給所有人類及萬物，而就像一個人在他的愛人面前臉紅一般，自然界的物質也在基督面前「臉紅」了，水於是變成了酒。

靜坐確實也能夠教會我們所有這些類似的事情。如果一個人遠離了我們暗示的靜坐意義，為了更狹隘、較無意義的理由，來練習靜坐，那麼就讓他們從那個方式開始吧。靜坐遲早都會引導我們走向更高的道路。靜坐的真正目的，是為了喚醒人們走向內在的偉大實相。靜坐引領我們藉由善巧與無私地執行行動，來求得開悟。最終，開悟的欲望會吞食掉所有低層次私我的衝動與欲望，開悟會成為人生至高的目標。

Photo by Saffu on Unsplash

CHAPTER 5

印記

FREEDOM from the BONDAGE of KARMA

印記是我們過去的業力，即行動、想法、欲望及記憶的潛伏軌跡。瑜伽士理解生命呼吸連結了心與身體。印記亦有類似的連結，印記連結了靈魂與潛意識心。當生命呼吸停止時，潛意識心和靈魂會與身體、五個行動感官（或作根）、五個知覺感官（或知根）及心的有意識部分脫離。這個脫離並不是代表完全的湮滅。我們的印記中，帶著過去記憶、想法及行為的一切潛能，在潛意識心中保持潛伏之勢。潛意識心是靈魂旅行的交通工具，幫助靈魂從這一個生命平面走向另一個平面。事實上，死亡只不過是一種脫離。

只要靈魂依然使用著潛意識心（即我們往世所有善德惡行的儲藏所），我們就無法擺脫業力的束縛。我們可以用一個比喻來闡明這個道理。風起時，它會把香味從一個特定地方或對象帶走，儘管這香味的源頭依然留在原地，沒有隨風消逝。當我們離開身體時，所有記憶都以其微妙形式被我們的潛意識心帶走，然後我們走向另一個存在的平面。這些記憶和微妙的想法形式，包含了我們死後生命動能的種子，負責跟著我們一起再生。

深潛的印記與念頭泡泡

用另一種方式來說，在生命的河流中，所有我們的行動、想法和感受都像是沉澱在河床的石頭，然後我們很快地對這些石頭的存在失去了有意識的覺知。這些石頭或說感受被投入河中，在河流深處創造了非常細微的泡泡，一上了河面就立刻破滅。我們所有的印記都潛居在記憶的河床，當我們開始借助沉思以及靜坐來研讀生命時，這些隱藏的印記會浮上表面，就好像在尋找外在世界的曝光機會一般。

假使我們專注在這些從生命河流浮上的念頭泡泡，就無法獲得解脫。去研究行動或想法，確實可以提供一些個人安慰，但這畢竟不是解脫與開悟之道，儘管它對了解一個人的行動和想法有幫助。如果我們把焦點放在印記浮上表面後的顯化，而不去專注觀察心的細微軌跡，也就是印記的潛伏形式，那麼想要得到救贖簡直就是天方夜譚。

當一個學生收攝了感官，開始靜坐並讓有意識心平靜下來，他就會經驗到自己浮上表面的念頭泡泡；但是他並沒有覺察到所有這些泡泡實際上源自心的河床，那裡才是這些干擾之石平時的安頓處。他經常抗拒著這些干擾，有時候可能會因為這些干擾而對自己感覺噁心。如果學生有耐心、有決心，將能夠停止與這些念頭纏鬥，並開始去研究它們。這種研究需要謹慎地留心，好讓這些升起的念頭不會對學生產生負面的影響。如果學生練習去見證這些念頭，但不認同這些出現在他面前的品質、圖像、概念、幻想及幻覺，不受它們的引誘，那麼他就可以保持不受影響。

所有我們潛意識心所隱藏的傾向浮上檯面，是很自然的事情；一個學生會被這些影響，也是很自然的事情。然而，如果學生可以保持覺知於自己的目標——一個超越潛意識心的目標，就可以學會在安適的狀態下，研究這些念頭形式。過去的印記確實會對一位靜坐的學生創造問題與干擾，但是透過認真努力、決心與專一，就可以幫助他對自己的目標保持覺知。

人們有時會選擇在一般意識層次中，不斷孤注一擲地研究思考過程，但這並非遵循靜坐之道的健全方法。重要的是潛意識心或心念的自我研讀。在我們的思考過程中，許多奇怪的念頭會浮上表面，任何人想要在一般意識層次去分析及擺脫那些念頭，是不可能的事情，因為這些念頭泡泡是源自潛意識心的深處。

當求道者努力去跨越至生命的彼岸，進入靈魂的國度，這些印記會為他帶來障礙。我們的心多半是在有意識心、無意識心及潛意識心的層次上運作，在靜坐時，心能夠超越這些層次，來到瑜伽所謂的超意識層次。如果強烈的動機和過去印記的微妙軌跡，阻止我們去超越個體心，那麼在實務上，我們要如何跨越到生命的彼岸，並到達了悟真實本我的境界呢？

首先，我們必須清楚的知道，印記促發著我們內在及外在世界的整體生命，其結果會展現在我們的行為、想法及選擇上。從來沒有任何人在為我們的善行或惡行訂下懲處的罰則，而是過去的印記在驅使著我們從事目前的行動。種豆得豆，種瓜得瓜，這是業力的法則。真要說起來，事實上是我們在賞罰著自己。當我們了解印記這內在的激發勢力，就不會再為了目前的生命樣貌去責備他人、大自然或神。人們由於自己的業力、想法、欲望和印記而受苦；而他最大的苦難就是不斷重複的生死輪迴，這讓他無力擺脫被強拖著走的束縛。

實際的解脫業力之道

人們經常喜歡分析人際關係的相關業力，尤其是那些與他們共同生活的人們，但那只是了解業力和業果的其中一個面向。「業」是我們自己創造的一種法則，一個人不可能在不造業的情況下活著，另一方面，一個人也確實不可能在不收成自己的業果的狀況下活著。一個人被迫必須收成業果，然後業果又再激發他去創造新業，那麼，一個人如何從這些業力的束縛中獲得自由呢？

要從業力束縛中得到自由有兩種方法，一種是完全捨離行動；一種是善巧無私地從事行動。要一般人捨棄他所有的責任、放下所有的欲望並臣服所有的動機，是不切實際的，或說是不可能的；但是，欲獲得自由，確實有實際的方法，也就是善巧與無私地從事行動，如此那些行動就不再對他具有約束力。

善巧無私的行動之道，對大多數人而言是實用的方法。少數非常幸運的人得以遵循捨離之道，他們踏上真知之道，不需遵循行動之道。這世上的人們並非全都相同，有一類人可以從捨離之道中獲益，另一類人則必須從行動之道中獲益。捨離之道適合那些在真知之道上已經穩固確立的人們，但這條道路並不適合其他人。對大多數人而言，行動之道是比較具有實用價值的選擇。

那些少數的幸運者已經培養了極度的無執態度，對享樂的欲望保持超然，他們的本質已然去除了執著，將自己的生命全然只奉獻在真知的追求上。他們捨離所有的責任，只為了獲得終極真理。唯有這類人適合走上真知之道，以確保他們達到終極的目標。所有的行為和行動都是欲望的驅使，而欲望則是被印記所驅使。任何帶著增加享樂的目的而從事的行動，都會影響我們的業；但是，不帶任何欲望的作為，則不會對行為者產生影響。當我們放下由欲望激發的行動，這就稱為「捨離」或「自我節制」，亦即完全放下那些由欲望驅使的、徒增個人享受欲望算計的行動。因此，在捨離之道上，一個人必須抑制及放下個人的享受欲望。

一個踏在捨離之道上的人，並非放棄一切的行動，而是放下那些由享樂欲望所激發的行動。在捨離之道上，一個人不能放棄可以利益世間或者對世界和平有貢獻的行動。由欲望驅使的行動，意味著貪圖享受，這是為了個人享受的自私欲望。沒有人可以捨棄吃的欲望，或者其他為了維持生命必要的行動。在捨離之道上，不聚積的態度可以幫助並形成快樂的增加。因此，在捨離之道上，沒必要放棄一切的行為、行動和業，只是必須放棄那些由享受欲望所驅使的行動。

研究印記的形成基礎——「業」，也將揭示一個人必須完成的工作本質。在仔細研究與生俱來的印記驅動後，藉由執行一些職責或行動，一個人能夠慢慢地橫渡虛幻的無明之河，順著源於印記的強流流動。與印記的強流抵抗或企圖逃跑，是不可能的；最好找對方向，隨順印記的流動游過去，藉由執行屬於自己的使命來游至彼岸。

一個人應該永遠不要因為困惑、情緒化或無知，而放棄自己的責任。盲目地捨離，永遠無法幫助求道者。放棄自己的責任或行動，會導致悲慘。一個人需要一些必要的必需品來存活；因此，為了生存，必須做一些必要的努力。

思考過程的三條道路

我們已經描述了思考過程如何促使行動的發生；我們的思考過程是基於欲望；而欲望是來自印記。我們的思考過程基本上會遊走在三條道路上：分別是惰性（tamas）、動性（rajas），以及悅性（sattva）。

當惰性主導行動時，一個人會變得怠惰、缺乏生氣，並開始採取負面傾向。如此的怠惰狀態是非常危險的。由動性主導的行動，則會讓人對痛苦心生恐懼，讓人停留在一種缺乏安全感及充滿衝突的狀態，這是痛苦的主要肇因。由動性主導的行動，經常會讓人變得自私，自私則是自我束縛的主要原因。當我們執行由悅性主導的行動，不帶有任何為了個人享受及滿足的欲望，那麼，此悅性的心念波動會激勵我們的認知感與身體感官和諧地作用，引領我們達到寧靜的狀態。在這樣的狀態下，作為者的行動不參雜任何個人享樂的欲望動機，純粹為了利他而愉快、完美地從事行動。為了他人的利益，我們應該放下的並非行動，而是行動的成果，而那個行動應該由「心」的悅性品質來主導。只有當我們認真努力去導引「心」沿著悅性大道走，避免踏上低等的惰性與動性道路，我們才有可能實現理想的行為模式。

這三種品質被稱為「質性」（gunas，或音譯為古納）。我們所有的行動、想法及動機，都是被這三種質性——惰性、動性及悅性所導引。我們可以把所有人分為這三種類別：悅性的特性是光耀、光明、安靜和寧靜，我們常用白色來代表悅性。動性的特性是充滿分心與紛亂的活動與移動，我們經常以紅色來象徵它。惰性的特性是懶散及缺乏生氣，我們經常以黑色或暗藍色等代表黑暗的顏色來象徵它。

求道者應該逐漸擺脫那些由惰性和動性主導的行動，最後讓整體生命穩定在悅性的基礎上。藉由建立悅性與寧靜，他淨化了「心」，讓情緒成熟，並開始以純意識中心為冥想標的。純意識中心就是那存於萬物之中，純淨的、自發放光的阿特曼（Atman，本我）。阿特曼是永遠純淨的，但心會被無知的灰塵遮蓋。印記形成了心鏡上的塵埃，當心依然被塵埃遮蓋，我們就無法在鏡中見到那純淨的靈魂。是惰性和動性的行動及想法，形成了心鏡表面上的厚重塵膜。藉由對我們在外在世界的一切行動保持覺知、無私地執行職責，以及放下享樂的欲望，我們可以不斷地自我淨化，進而洗淨我們的心，看見心鏡中靈魂的倒影。

如果我們看見一根棍子，一半在水裡，一半在水面上，它會呈現出一種斷裂不連續的形狀。同樣的，我們的思考過程不容許我們見到靈魂的真實本質。除非我們能讓思想河流的波動力量平靜下來，否則無法看清靈魂真正的模樣。靜坐能幫助我們將那些受干擾的思考過程平靜下來，幫助讓靈魂顯現。在靜坐的更高境界中，求道者穿過幻相的迷惘並進而超越，這就是人類生命的目標。

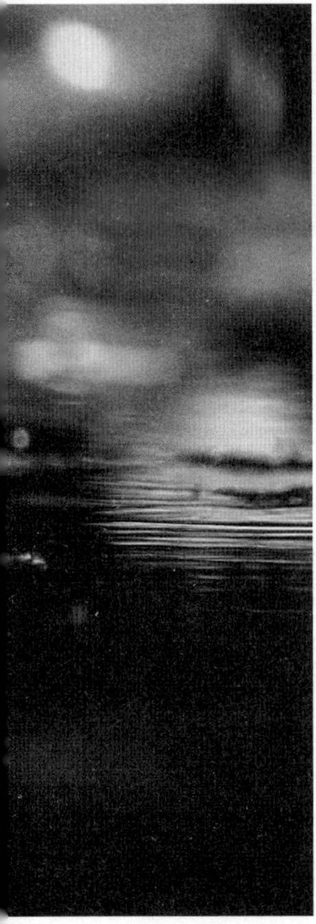

Photo by Michele Guan on Unsplash

CHAPTER 6

執著與無執

FREEDOM from the BONDAGE of KARMA

我們必須學習如何過人生以促進解脫的過程。我們應該接受生命是一場挑戰，而不應對所有事情感到失望，因為人生對我們而言就只是一個工具，我們遲早都會在內在中找到神或真理。我們會了解自己並非只是一個個體的存在，只因我們的無知，才讓我們以為自己與整體是分開有別的。我們需要用神性來取代人性，為了完成這項替換，我們首先必須成為一個真正的人。我們需要了解自己是這個人世間的古老旅行者，目的是要證得圓滿。

在西方，人們普遍對失去自我或人格感到恐懼。透過靜坐，我們發現我們能夠擴展自我，而不是失去自我。我們必須放大心量，必須包容更多更多的同胞以及世間的其他萬物，而不是只認同我們個人，成為孤立的自己。我們必須把自己當成這個人世間暫居的旅客，了解我們只是暫時借用這個身體、這些經驗，以及這些物質，它們並不屬於我們。我們只是暫時借用這些東西，遲早都得把它們抛之在後，所以沒有什麼好害怕的；我們的目的並不是去占有這些東西，而是為了超越而來使用它們。這是超越律法的真理。同理，耶穌的《登山寶訓》也超越了摩斯律法，《登山寶訓》是為了那些準備好的弟子們所講述的佈道。我們必須學習到，我們的行動不是個人的擁有物，我們不需要對它們產生執著。

為了擺脫我們的業果，理解無執的原則是至關重要的。無執，或更好的說法是「不執著」，這並不是意味著不享受。通常，當我們執行一項行動後，就無法擺脫那個行動的成果。例如，我們在祈禱時，通常是在祈求得到某樣東西，這就是所謂的以個人為中心的祈禱。在這樣的祈禱中，一定含有一些要求。雖然我們是在祈禱，但這麼做並不會讓我們得到解脫，因為我們仍然對所祈禱的成果有執著。另一種祈禱被稱為以神為中心的祈禱，其目的是為了開悟。例如：「神啊，請幫助我開悟吧！」或者：「請幫助我得到自由吧！」然而，即便在這樣的例子，我們把神當成自己之外的對象在祈禱，對我們還是沒有幫助。更重要的是，我們應該認為神就在自己的內在，應該把自己視為那受萬人敬愛之神的一項工具、一個子嗣或一個僕人。這樣一來，我們就能把祈禱變成一項無執的行動。

你可以自由選擇最適合你的神人關係，例如把祂當成你的朋友，那麼你可以接受祂的指引。如果你把祂認同為你的導師，那麼你可以把自己當成祂的工具。你必須對內在的神有信心。朋友會讓你感覺寂寞，因為他們只會帶你去尋求外在世界的幫助。

為了透過無執來達到了悟與自我知識，你必須靜坐。靜坐讓你自己獨一達成圓滿，獨一的意思是「萬有於一」。所以單獨並非寂寞，只有人們才會讓你感覺寂寞。只有你內在的朋友可以幫助你，圓滿只能從內在發生。其他人可以給你幫助，但他們無法給你圓滿。向外索愛也是毫無意義的，藉由愛的施予，你就會得到愛的回報，但是，依舊沒有任何人可以滿足你。只有透過至上本我，唯獨你可以滿足你自己。透過靜坐，你就能讓你的私我去遇見至上本我。

無執是帶著愛執行行動

業力繩索綁住了我們，使我們無法了悟至上本我，要從這束縛中解脫有兩條道路，其一是捨離之道，其二是無執之道。選擇第一條捨離之道的人會說：「我不想要任何享樂，這對我達成目標沒有任何實際的助益。因此，我選擇寺院的生活。」這是一條屬於少數人的道路。它是一條走在刀鋒上的路。第二條道路是我們學習在世間生活，但是必須要恰如其分地執行行動。我們接著要研究的就是第二條道路，無執之道。

通常我們是自己職責的奴隸。我們執著於各種活動及其連帶的結果，然後陷入更深的束縛。如果你只是單純出於責任去執行某件事情，你就會發現無法完成它，也無法有所進展。如果你只是因為責任而去滿足你的丈夫或妻子，那麼你就會因為憎恨或罪惡感或厭煩或其他的干擾性情緒，而深陷執著中。如果你的責任或行動，沒有以愛來「潤澤」，就會為自己創造更大的束縛。反之，假使你以愛為出發點去執行行動，那麼你就會無私地執行它們。這是一個極容易理解的道理，因為如果我無私地為你做一些事情，那麼你，而不是我，就會收到我行動的成果。學習為了人道去執行行動，然後讓人道去收割成果。這就是透過無執得到自由的方法。

一個放棄行動成果，而不是放下行動本身的人，在梵文稱為 Tyagi。在此世間，你必須要執行行動，但必須無私且善巧地執行。無執並不是指不去愛，也不是指對萬事萬物毫不關心及冷漠。相反地，無執是指帶著愛去執行行動。你不應該帶著執著去從事自私的行為，而干擾你的生命和你的心。生命太短暫，你不應該如此浪費生命。就像現在一樣，我們把大半的生命耗在吃、睡、說話以及上廁所。我們必須學習輕鬆看待生活瑣事，而同時認真的帶著愛、無私善巧地執行責任。

綑綁著我們的並非行動本身，而是行動的成果。行動，就好像一位警察，他會逮捕我們，卻不會懲罰我們，懲罰我們的是行動成果。我們的行動成果會激勵欲望的產生。不要因為貪圖而嘗試去保留和捍衛你的行動成果。所有的負面品質，例如忌妒、憤恨及驕傲，都會因此撲向你。

我們不應該追求生命的滿足，而應該轉向知足（samtosha）。當我們發現自己不可能在生命中得到滿足的時候，就促發我們最終轉向去尋求解脫。事實上，我們在這一生中必定得經歷克盡職責的階段，無法在不執行這些行動下生活，但是藉由無私、善巧且帶著愛地執行，就能夠避免對行動成果產生執著。這並不是代表我們要變得事不關己，因為那樣只是在逃避。當我們無法處理事情的時候，就會想要逃避問題。

「無執」代表著在平衡與冷靜的狀況下執行行動，特別是當我們得到這些行動成果的時候。這是真正的試煉，因為無論我們接受或拒絕這些成果，都會讓自己受到束縛。透過無執，我們才能學會，唯有當我們將行動成果奉獻給神或人道時，才真正享受了我們的行動成果。奧義書教導我們，那些對解脫之道有幫助的行動，永遠不應該被放棄。

轉化生命的障礙，獲得自由

我們應該理解生命的意義。如果吃、睡以及其他自然的功能，不是為了完成生命的目的，那麼人類就與動物沒有兩樣。為了成為一個真正的人，我們必須要了解生命的目的，那個目的就是解脫。而透過無執的行動，我們可以證得解脫。所有生命中的障礙，都可以變成解脫的工具。無論什麼痛苦都能帶給你解脫的知識。

決定我們快樂和痛苦的，並不是世間的種種情境，而是我們的態度。梵文字 dvandvas 意思是「不可分割的二元對立」。它的意思是無論我們從一個經驗中得到快樂或痛苦，其實沒有那麼重要，兩者都會對等地束縛我們。在我們的所有經驗中，兩者都會以不同的程度同時存在。在人生中，我們必須學習去轉化一切會帶來快樂和痛苦的東西；我們必須學習利用它們來幫助靈性的進展，而不是被快樂或痛苦所干擾。

為了轉化這些干擾，我們需要有耐心。很不幸地，在西方，人們非常缺乏耐心。耐心可以將任何障礙轉化為工具。同樣的一陣微風，它可以干擾並撲滅一顆小火焰，也可以把小火焰轉化為一場森林大火。

梵文字 Nishkamakarma，意思是「無私、善巧、無欲之愛」。透過

Nishkamakarma，我們能夠轉化障礙，從業力的繩索中掙脫出來。藉由不逃避我們的行動職責，就能夠到達這樣的境界。只有在我們已經圓滿了自我分析後，才可以去尋求寺院的出家生活。我們必須善用自己的明辨和智慧的功能，來研讀自己。我們必須學習為何自己會對已知的現狀感到不滿意，以及對未來的未知情境感到恐懼。我們必須不逃避或避免此生的行動和職責。當我們是為了他人來執行行動時，事實上就是具體地在敬拜神。在行動中最優先的順位應該是神，而不是人。

我們也不應該尋求快速的抵達超越之境。首先，我們必須在超越行動之前，先學習如何執行我們的行動。透過無執的行動，我們讓自己準備好以恩典的形式來接收知識與真理。梵文字 **Kripa** 的意思是仁慈，說更清楚一點，它是指一個來自上天的仁慈行為；但是，**Kripa** 只會在你已經完成該做的事情之後才會到來。**Kripa** 並不會無端降臨，也不是完全沒有條件。

約翰接受了天啟，但那是因為他已經透過長時間的靜坐練習，獲得接受天啟的資格，他並不是被隨意挑上的人選。

當你已經善巧地完成工作，恩典就會降臨於你。恩典並非業力法則的例外，它依然遵循著業力法則。如果你發現太陽的溫度過於炙熱，你可能會祈禱有一個奇蹟式的遮蔭出現，但是這奇蹟不會突然出現。然而，如果你辛勤、耐心地持續滋養一棵樹，終有一天，這棵樹會大到足以提供你所需要的樹蔭。這個樹蔭對別人來說可能好像是一個奇蹟，但是你知道那是在充分的適當準備後的自然結果。

恩典的降臨原則也是如此。藉由善巧地跟隨自然法則，你最終能夠擺脫業力法則的束縛。所有這些都是來自無執的練習，也就是愛，而不是冷漠。藉由遵循無執之道，生命會變成一首歌曲、一首詩。為了達到此境，我們需要耐心與勇氣。

讓我們以聖者做為範例。一位聖者就像一棵長滿果實的樹。如果你朝著這棵樹丟擲石頭，樹上會掉下果實餽贈於你。無論你對一位聖者採取什麼舉動，他的反應都是要提供你營養並幫助你。反之，你必須對一個壞人有所警惕，因為他可能傷害你。當一位聖者對你生氣，他的出發點是愛，你將會發現他的憤怒其實是幫助你進步的工具。學習去歡迎那些衝著你來，乍看像是障礙的干擾，學習用耐心和勇氣去轉化那些干擾。那麼，你生命的所有經驗對你而言，就會有如一位聖者為了提供你進步的工具而給予的回應。

為了檢視生命的考驗以及獲得自由，我們真正需要的是什麼呢？一位十六世紀的聖者，名為杜勒西達斯（Tulsidasa），他提出了在關鍵時刻必須檢驗的四個點：宗教、友誼、耐心和勇氣。當你即將要被一個障礙征服時，去看看這四個點的哪一個可以真正幫助你。你的宗教或信仰會讓你失望，你的朋友將不在身邊，但是你的耐心和勇氣可以幫助你，它們是你最好的朋友。

如果你的欲望無法被滿足，就要換個角度思量，這背後可能有一個良善的理由。要有耐心，要有勇氣去依賴你自己，並且練習不執著。在懷疑他人以前，要有勇氣去懷疑你自己的懷疑，去認清這些懷疑其實是你自己內心負面成分的展現。

帶著愛、耐心和勇氣，善巧地行動吧，記憶那愛的港灣，對他人不抱持任何期待。為他人無私地做一些事情就是真愛，帶著愛去執行你的職責，就有如出汙泥而不受汙染的蓮花。學習活在人世間卻保持超然，學習這個道理：人世間的所有東西都為你所用，卻永遠不屬於你。

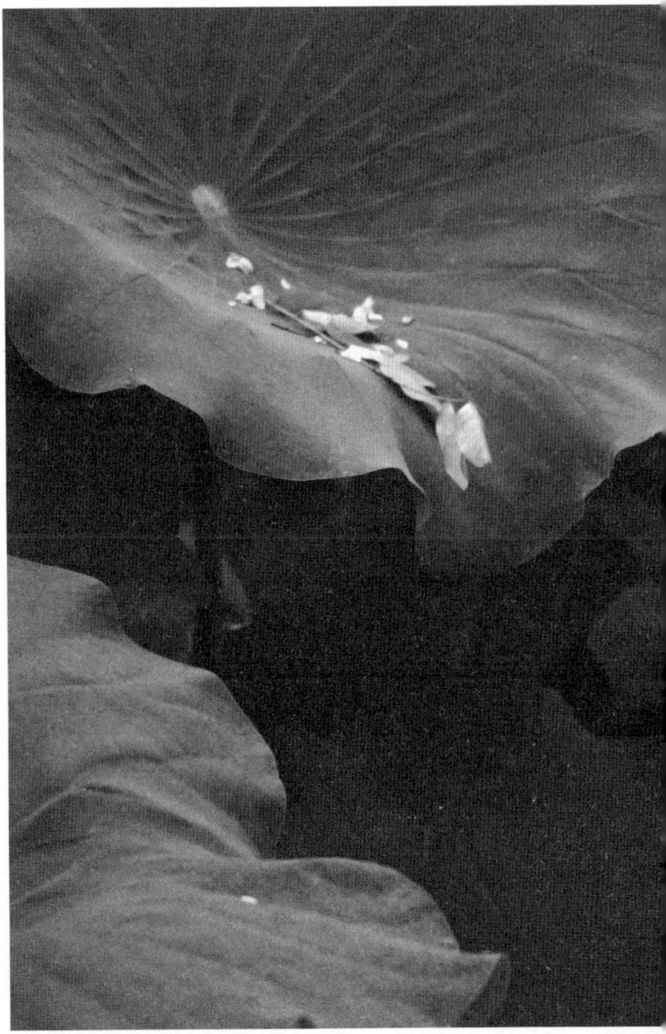

Photo by Echo on Unsplash

CHAPTER 7

心與梵咒

FREEDOM from the BONDAGE of KARMA

我們為何需要一個梵咒（mantra），梵咒如何幫助我們？一個梵咒，是一串獨特的文字或語詞，當我們可以適當地了解並正確地使用梵咒時，就能夠將所有的苦惱從心中解放，無論這些苦惱是源自身體、心智或靈性。是「心」這面牆阻隔了你與現實，因為心經常處在紛亂與散漫的狀態。

梵咒的梵文字mantra，源自man這個字根。man的意思是「去思考」（希臘文稱為menos，拉丁文稱為mens），man加上tra就變成了mantra，tra代表著解脫，因此，梵咒（mantra）的意思就是：能夠幫助心靈從束縛與痛苦中解脫的那個。梵咒創造了一種心理的印象，它也是一種超越的力量，可引領人們進入無所不在的靜默。

「太初有真言，真言與神同在，真言就是神……真言化作肉身。」[1]

真言來自勢能與真相的源頭。偉大的聖者在經驗所謂的超意識境界的特殊狀態時，發現了梵咒的源頭。當梵咒與此源頭有關聯時，文字就連帶了一個意義、一種情感與一個目的。一位普通的老師或許可以指定一段音聲給學生去練習，但僅是這樣隨意傳授的音聲，無法引領學生到達開悟的較高境界。它或許可以有意識或無意識地幫助心靈，其結果或許可以引領學生感覺放鬆。然而，僅僅依靠音聲，無法引導一個人到達生命的彼岸。如果我們想要到達那個終點，在練習梵咒時，必須融入梵咒的意義、情感與目的，甚至，如果想讓梵咒的所有潛力全開，我們必須要搭配協調梵咒與其他的瑜伽淨化練習。

唯有當心被淨化了，梵咒才會有效。梵咒具有悠久的傳統，它體現了人類心理學領域中的最高知識與經驗。不過，若要取得這樣的經驗，必須透過上師的引導以及持續的持咒練習。正確使用梵咒的祕訣，在於融合練習與生活，這指的是自我紀律與純淨的生活。當咒語被同化至個人生命的更深層次時，咒語就會越來越顯示出它的潛力。它會將一個人從表面引導到更深的領域，最後來到最高的境界。

梵咒的古代科學，是人類心理學領域中最高知識與經驗的展現。對不熟悉理論與實驗室實習的一般人而言，他們難以了解那個科學究竟在探討什麼。同樣的，如果缺乏一位上師的導引以及實際的持咒經驗，就不可能真正掌握這個紀律的潛力。當一個人能夠在一位有能力的老師幫助下使用梵咒，梵咒就會變成讓心專一與寧靜的工具。

一般而言，我們的人生中必定有一些諮詢的對象，他們能夠在人生的某些情況下給予我們幫助，例如老師、心理醫生、妻子或朋友。然而，有些時候，我們也可能求助無門。例如，在介於死亡與下一次出生的中陰交界處，我們已經沒有舌頭可以用來說話，也沒有身體可以運用。有意識心逐漸殞落，而那個儲藏著我們善惡品質的潛意識心則開始變得活躍。有意識心只是整體意識的一小部分，潛意識心則是一個經驗、記憶、情緒、恐懼、幻想與印象的巨大儲存庫。在死與生的中陰時，潛意識心會主導我們的心識經驗，向我們展示它囊括印象和幻象的諸大收藏。在這個時候，沒有人可以幫助我們，沒有朋友可以提供諮詢，唯有梵咒可以幫助我們。

在我們還有身體的生命階段，當我們複誦著咒語，潛意識心會慢慢地把咒語收藏起來，在日後生命遇到試煉或困難時，提供給我們幫助與指導。在死亡之後，再生以前，我們的咒語也可以幫助我們去克服潛意識心的那些印象，避免我們被它們掌控。梵咒能夠指引我們度過這個困難的過程，這是任何一位老師或朋友無法辦到的。

透過靜坐，清理心

在靜坐的過程中，我們必須學習去探索我們的心，好讓梵咒可以被有效地運用。靜坐的第一個階段是先清理我們的心。我們都知道自己會思考，卻不知道為何思考，或者我們想法的根由是什麼。去觀察思考過程並見證心的內容，是至關重要的。為了讓自己穩固於內在基本本質中，需要知道如何清理我們的心。

通常，我們都在他人面前呈現出美好的模樣，但問題在於，我們不知道如何在自己內在呈現出美好。我們不斷地認同心的內容物及回憶。我們把內在困擾著自己的東西藏起來，不給別人看，但自己卻看著它們並允許它們不斷地干擾著我們。透過靜坐，我們得以控制這些干擾，並學習去觀察與見證它們。那麼，慢慢地，問題就會從我們的心理過程中褪去。

心有個記憶的河床，我們在那裡儲存了印記（samskaras）的種子。沒有這張河床，心的河流就無法流動，但從這張河床中升起的許多回憶與印象，經常麻煩並困擾著我們。在靜坐時，我們首先學習去平靜有意識心，好讓這些印象能夠浮現，並在不打擾我們的狀況下從心上掠過。接著，我們學習去處理潛意識心的深層記憶，那是我們平常不會接觸到的。在教育體系中，我們只學會訓練有意識心，但是在靜坐的時候，我們可以面對整體心。當有意識心被平靜下來，我們學著去整合心的所有部分，然後把它們帶到一點專注的狀態，這就是所謂的「讓心專一」。

自我觀察是獲得自我控制的第一步

在醒著的狀態下，我們會使用有意識心。但我們無法完全控制有意識心，有時它睡著了，然後我們變得「心不在焉」。這也是為何靜坐的價值如此重大。藉由心中靜默的重複咒語，以及進行內在「對話」，可以幫助我們去分析內在，我們能夠慢慢地發展出決願（**sankalpa**），亦即無意識的決心或願力。決願可以幫助我們慢慢地控制有意識心，使它平靜下來，最後把心的其他部分以及覺知範圍內的其他意識狀態，引導出來。

人們通常會經驗三種意識狀態，如同我們已經闡述過的：醒境、夢境及眠境三種狀態。過去的偉大聖者發現，有必要進入意識的第四狀態——無眠之眠的狀態，也就是三摩地。在第四境中，我們可以找到寧靜。一個人練習靜坐的目的，就是為了到達這寧靜的境界。

我們慢慢地可以學習在靜坐時不受心的介入干擾。我們必須學習單純地觀察那些擾人的念頭，然後讓它們靜靜地離開。為了做到這個狀態，我們需要有耐心，同時檢視自己的思考過程。我們必須記得，心中所有發生的，全都是自己的創造。我們必須檢視它，然後承認它們全都是自己的產物。

每個人的思想都是他自己的創造。把自己的念頭投射到別人身上，然後把自己的困擾歸咎於他人，對我們一點幫助都沒有；同時，把我們五年前做過的陳年往事拿來困擾今日的自己，也毫無助益，因為那些已經不是我們目前的行動了。憂鬱是沒有幫助的，我們應該讓心池深處升起的念頭泡泡，慢慢地消失。不要與你的念頭抗爭，這樣只會更加干擾你的靜坐。只要觀察那些事情，以一個平靜見證者的角度看著它們就好。靜坐，但不要與你的念頭對抗。

我們從學習檢視並分析自己的心開始，首先，我們從自己會思考這一點，確定了「心」的存在。我們開始了解自己不同於我們的思考過程，也不同於自己的心。透過分析，透過內在覺察，我們學會去分辨思考者以及思考過程。你可能會自我分析地說道：「我不同於我的身體；我不同於我的感官；我不同於我的心。這些東西就好像我穿著的衣服，我可以脫下這些衣服，但我永遠不會喪失我的身分。」你可能喪失很多東西，但你永遠不會失去你的本我。你永遠可以保持對本我的覺知，你可以辨認出那個本我有別於正在行動或思考的我。如果你無法做到自我控制，就只是一個奴隸；要獲得控制與解脫的第一步，就是自我觀察。

當你觀察自己，就會發現有一輛心之「列車」不斷在心中奔馳而過。這輛列車包含了符號、概念、影像、幻想及幻覺。我們傾向去認同這些東西，去感覺它們是我們的一部分，卻也同時知道，基本上它們是現實的不同秩序。我們知道自己的內在存有某樣東西，一種有別於我們所有心念對象的身分識別，特別是在我們看不見或感覺不到的時候，似乎特別能夠理解這種存在；當我們去除感官的接觸後，仍然有一個身分感，一種自我存在的感覺。我們必須越來越往深處去探求那個本我，將那個存有與其他一切經驗分開。我們可以看著心之列車，但不必去認同它。記起那輛列車只不過是你自己的創造，我們沒有必要去害怕在這輛心之列車中的任何東西，因為我們愛自己。內在本我始終保持寧靜，超越心之列車的一切經驗與對象。害怕代表「缺乏愛」；無懼代表「充滿愛」。所以這就是獻給我們自己（這個內在的身分）的愛，它會讓我們保持在寧靜中，超越我們心的經驗。

所有來到我們心上的事情，都屬於心之列車的對象範疇。我們只需要觀察它們。即便我們看不清楚這輛列車從何而來，或將會開往何處，我們只需要觀察它，然後讓它通過。永遠不要壓抑或是與你的感覺纏鬥。永遠不要憋住你的欲望或嘗試去爭辯，只需要去分析它們，檢視它們，讓它們全部通過，永遠不要認同它們。

當然，這個分析應該在心中完成，你沒有必要把感覺和欲望公開地對外表達或展現在行為上。在自我檢視的過程中，只需要分析、觀察並見證它們。當你心中升起一個新的符號，就觀察它們並堅持憶誦你的咒語。如果心之列車盤旋不去，拒絕離開，你仍然只需要看著它，站在那裡目送列車離去。

為了讓靜坐成功，這個心的淨化、清理及淨空的過程是絕對必要的。在我們還無法讓心清淨，遠離干擾的念頭，平靜這些念頭之前，我們必須記得不要太過躁進，失去耐心地想要立刻達到更高的境界及更高的體驗。在寺院中，我們通常不會讓新人立刻開始靜坐。首先，學生必須先學會淨化他們的心。現代人太沒有耐性，總想著要立刻熟練靜坐的藝術。

學習在觀察者與被觀察對象之間進行對話。跟隨這個對話的想像，分析並觀察心中萬象的列車，然後慢慢地就可以控制這些事物。我們可以起而超越它們，它們就會自心的領域中消失。

永遠不要在剛吃完飯後靜坐，也不要在匆忙或憤怒時靜坐，因為這些情境會占據心房，妨礙你對思考過程的適切觀察。我們常常在心裡有事的時候想要靜坐，但是如果心不得自由，我們也無法自由。如果我們不能學習超越思考過程，那麼就去檢視它，慢慢地，你會覺知到**你**與**你的想法**的分別。想法會來來去去，你要學習永遠當個見證者，不要認同這些想法、影像及符號。用這樣的方式，我們可以學會看穿哪一個思考過程有益，哪一個思考過程有害。永遠記得，我們的想法列車是自己的產物，它是我們自己的直接創造，所以它才會影響著我們。

就是在這個靜坐訓練的階段，梵咒變成無價之寶。梵咒有如一粒種子，而我們就像是土壤。梵咒需要時間長成，梵咒必須被滋養。堅持在心中重複默頌，慢慢地一個新的東西就會開始長大，然後占據我們的心。最終，我們不再是觀察自己的想法，而會開始觀察自己複誦著咒語。

學習過程的次第階段是這樣的：內省，觀察，見證，然後解脫。當我們停止去認同那些想法，無論好壞的想法都將不再具有意義。我們會看見，這些只是我們心中需要被觀察與見證的對象。我們會發現那個已經了悟的，那個永遠不變的就是本我，而那些會變異的、會成長的、會衰敗的是「非本我」。隨著靜坐的進步，我們能夠區分這兩者，並且對本我的認同越發堅定，而對非本我的認同則越來越薄弱。為了到達此境，我們只需要正念覺察自我分析，以及憶持我們的咒語。

譯註

[1] 《聖經》中文版通常把「真言」翻譯為「道」，亦即「太初有道，道與神同在…」，英文原文是 Word，加上此處斯瓦米．拉瑪談論的主題是梵咒、字語，雖然「道」也可以當成言語的陳述，為避免與道家的道字用法混淆，因此我們選擇用真言來代替一般中文《聖經》的慣用翻譯。如有不慎，尚祈指正。

Photo by KRISHNA CHAITANYA KALUVA on Unsplash

CHAPTER 8

解脫與無私的行動

FREEDOM from the BONDAGE of KARMA

知識本身就足以讓人解脫。《薄伽梵歌》說，如同熾熱的火焰可以燃燒整堆木頭，使之化為灰燼，智慧之火也可以燃燒所有行動，使之化為灰燼。智慧或知識並沒有要我們放棄行動，而只是解除行動的束縛力。智慧和知識淨化了人生與行動之道。一條燃燒過後的繩子，不再具有束縛力，雖然它留下的餘燼看起來仍像是一條束縛之繩。同樣地，行動束縛著人們，但如果人們已受智慧之火的燃燒，或許從外觀上看起來他們仍在行動，但那些行動已經不再具有束縛的力量。在行動中表達的能量，已經被轉化為知識與智慧。

我們要如何在內在燃起知識之火，以便燃燒掉驅使我們去行動的印記呢？我們無法藉由嘗試從行動中逃離來避免行動。閉上我們的眼睛或逃避一個行動，都無法讓它消失。當我們再次打開眼睛，它還會在那裡。我們無法避免人生的困難，必須面對並接受它們。若想掌握人生與行動，我們必須藉由知識、靈性力量，以及無私善巧地行動，來面對挑戰，這是唯一能夠擺脫業力的方法。

人們經常相信要多行善事，並且把它當成人生的哲理。如果它只是一種向外的表達，這樣的方法無法走太遠。只相信個人認為的善，是一種膚淺的哲學，當面臨人生的嚴峻考驗時，它的不適切性就會被證明。人生最偉大的力量只能來自一種深刻的無私，而且此力量是透過心、行動與言語來展現。我們一定不能忘記這個力量的來源是阿特曼，那是一個人內心深處的靈魂。

在仔細地做過自我檢視，沉思了生命的意義與重要性之後，我們必須試著以無私地執行行動的方式來活著，一直到生命的最後一口氣。不行動會讓人怠惰，而自私的行動會使業力繩索拉得更緊，造成更大的束縛。

透過無私，償還業債

自私是靈性覺知的否定，動物注定必須自私，因為牠們無法經驗自己的本我，客體世界構成了牠們唯一的覺知領域。只有人類擁有主體意識，能夠控制、紀律及知曉執行行動的藝術，以及能夠協調心理與生理的人格，這些都是人類獨享的工具，可用來深化人類的自我覺知，以及了悟自己為純淨的阿特曼——那永恆自發放光、永遠自由的本我。若只試圖拯救或保護自己於外在世界的實體存在，喪失了開展自己整體存有狀態的機會，等於是一種靈性上的自殺。

我們所謂的命運，其實也是人類的創造。人類過去的行為，造成了今日的命運。透過了解生活的藝術以及無私地行動，我們能夠超越時間、空間及因果關係。人心在時空的侷限下，定義了經驗世界的客體對象與事件，到底什麼是空間和時間呢？它們本身並不是絕對的真實，只是一種相對的概念。當心專一時，心可以移動到更高的覺知向度，在那個向度中，沒有時間、空間或因果，要擺脫印記就變得可能。

哀傷與困惑，是由於自我認同於受限的身心狀態。認同於身體、感官及心智，認同於這些僅是我們存在的微小向度，將使得我們一直處於虛弱、無助及受限，並與他人切割分別的狀態。在這樣的虛弱狀態下，我們犯下了各種錯誤，強化了業力繩索，也加深了迫使我們無終止地生死輪迴的印記。由於欠缺對內在真理的覺知，我們將自己與整體隔離開來，為自己創造了一些小人格，一些個人的面具。若能竭盡全力去從事無私的行動，將可以引導我們來到寧靜之境。只有寧靜的心能夠經驗所有的意識層次，到達最後的解脫之境。

我們也可以把印記當成「無知」這個主要罪業的後果。無知將我們從生命的主流劃分了出來，一條從主流分離出來的支流會停滯不前；一個從生命主流被劃分出去的人，就會落入悲傷與困惑的泥沼。

做為一個公民時，有紀律地練習社會覺知；做為一位靈性求道者時，勤勉地練習內在紀律。如此一來，人們心中的覺知能力就可以不斷地成長。全然的紀律可以幫助人們擺脫一切業力及印記的繩索，無論這些繩索的粗細。當一個人學會無私地執行行動時，也會擴展他的心到達超越所有層次的心境，這就可以帶領他覺醒，來到存有的初階融合之境，慢慢地最終就會達到解脫。因此，藉由無私地執行行動，我們就是在日常生活中練習靈性修行。

當平衡與多元不再成為人們心中未決的謎團時，我們就可能獲得救贖。關於什麼才是最好的業，人們永遠有不同的意見，但這樣的差別只會呈現在表面，當我們往深處探索，就會發現其實只有全部融合的唯一。無論人們做了什麼工作或行為，無論他在人生的地位如何，他都能在自己內在保持一種統合的價值，那是從靈魂深處流露的靈性價值。當一個人學習讓他的行動、想法及欲望，都具有靈性意義，就能夠無拘束地執行行動與職責，那麼印記的微細印痕就根本無跡可尋。

因此，當我們想要避免那些從印記浮上的痛苦和悲傷，就應該要全面地訓練我們的知覺感官、行動感官和心，同時要小心地不忽略我們的職責。

人們可以只透過無私地執行行動來償還業債。如果我們不對與一起生活的人（如原生家庭）償還業債，就不可能獲得自由。因此，去履行一個人的責任是絕對必要的，如此我們才能擺脫業債義務，保留自由。

事實上，是我們自己選擇了父母，也是他們選擇了我們。這就是物以類聚的原理。下工夫去有意識地執行責任，認真對待與我們一起生活的人，可以幫助我們在走向開悟之道的途中，不再創造進一步的束縛與障礙。知識之火的燃油就是無私的行動；透過無私，我們可以償還業債。若要從過去的行動和業力中解脫，我們應該學習去行動，讓業力變成一個有用的工具，而不再成為開悟之道的障礙。

宇宙是三種質性的遊戲場

知者、被知者，以及知的過程，構成了行為動力的三重本質。方法、活動及事件，是完成行動的三個要件，它們每一個都有其對應的三種質性：悅性、動性及惰性。

宇宙包含萬物，每一個生命體都是獨特的。宇宙的自然本質就是繽紛多彩。在這樣多元樣貌的狀態下，一個人還能夠感受到「一」的存在，就要歸因於悅性的知識。因為悅性，才使得多元中的不可分現實得以存在。例如，海洋有許多的海浪，而海浪彼此有分別，然而它們都來自同樣的水源。能在不同的海浪中看見相同的水，就是富含悅性的知識。黃金被製造成各式各樣的飾品，但是這些飾品的共通點，就是它們的原料都是黃金。在不同的外形中看見這樣的合一，就是悅性的知識。世界上有許多宗教信仰，如印度教、佛教、基督教、猶太教等。然而，儘管有這樣豐富的多元性，我們依然能夠在這些多元中看見同一，然後依據這個同一在它們之間找到彼此的關聯。這樣的結果就是悅性的知識。

動性知識讓我們能夠了解形態的區別與多樣化，動性知識可以讓我們看見每個對象的多元面向。這種固守多元的傾向是源自動性，它挫敗了所有將多元整合為一的努力。

惰性知識則模糊了因果關係，使得真理完全無法被顯現。它是讓我們執著於局部，把局部當成整體的肇因。它是無明的起源，讓我們看不清楚因果之間的關係。它是錯誤的知識、絕對的無知以及不純淨的概念，與開悟完全背道而馳，這就是惰性知識的缺陷。帶著惰性知識的人們，把局部當成整體，讓自己沉迷於那個局部而不可自拔，他們甚至任由自己去摧毀整體。這樣的知識只會導致毀滅，讓我們陷入更深的執著。

因此，悅性知識在異中求同，而惰性知識在同中取異。悅性知識激勵我們以自我了悟為目標去行動，而惰性知識導致自我墮落。沒有執著、沒有愛戀、沒有怨懟，也沒有貪圖享受自己行動成果的自私欲望，這樣去執行的行動，就被稱為悅性行動。愛恨情仇會動搖我們的心，而享樂導致我們貪圖更多的自我享受。它們全都會極度地煽動我們的心，如果我們想要追求平靜的心，這些都必須要被一一放下。

以平靜心執行的行動，是一個悅性的行動；而帶著自私企圖想要享受成果的欲望、總貪求保有成果供自己享用、無視於其勞力與努力的相對代價、沉溺於自己能力的自傲，以這樣的方式所執行的行動，就是動性的行動。悅性行動不是來自利己主義的驅動，沒有想要享受成果的念頭，也沒有執著、愛戀或怨懟。動性行動則充滿了這些負面的品質。毫無疑問的，對成果沒有貪慾而去執行的行動，可以讓一個人得到更大的快樂。動性行動則只會讓人產生更大的痛苦。惰性行動則會導致一個人的沉淪墮落，因為他在行動時沒有去思考這麼做會帶來怎樣的損失或傷害。因此，我們應該養成一個仔細觀察自己言行的習慣，避免自己做出惰性的行動。

一個人所採取的行動型態，取決於他的性情。當一個人的心很穩定，在執行行動與職責時可以保持不受干擾，就是一個平衡的人。他不會因為成功而興高采烈，也不會因為失敗而感覺失望，這樣的他就是一個悅性之人。這樣的人具備了勇氣，既不會焦慮地急於得到成功，也不會擔憂失敗的降臨。他既不會因為成功而趾高氣揚，也不會因為失敗而垂頭喪氣。

動性的人格特質是他特別在乎享受，熱衷於享樂欲望的追求，所有啟發活動的根源都躺在享受的樂土中。很自然地，他尋求的是從自己的行動成果中獲得享受。執著於享樂的人必定是貪婪的。擁有了一些享樂經驗之後，他渴望得到更多的享樂，一旦失去了它們，他的哀傷就難以形容。快樂與痛苦在他的心中來回擺盪，因此，他永遠無法安住。這樣焦躁不安的人，很難真的享受任何的快樂，他會突然地變得暴戾，特別是當他在享樂的途中遭遇了障礙，他甚至可能會想要摧毀它，這樣的行為模式在動性之人的心中再度加深了憎恨與暴力。暴力永遠伴隨著身心的不淨，當身心被享樂、貪婪與暴力霸占，想要維持身體、言語和心的寧靜，是不可能的。

惰性的人格特質是無知與迷惑，因為他沒有能力善巧地從事任何作為。由於惰性之人的無知，他無法從事善行；只有一個能夠從事善行的人，才是一個完善的人類。一個惰性之人完全欠缺真實知識，他充滿著疑惑，無法在知識的探討上做出任何貢獻，也不能善巧地執行任何行動，更別提幫忙宣導好的理念。無論在哪種情境下，他都是懶散又呆滯。在沒有受到啟發的情況下，根本不可能透過行動、工作或職責來自我進步。當一個人無法透過自己的行動、職責和努力來成長，心就會開始奔馳在惰性的崎嶇大道，然後不斷面對失敗，痛苦地哀嚎，這樣的人就會開始憎恨別人；他永遠無法為他人的成功感到欣喜，總是悲傷、陰鬱並充滿怨恨。

在心的多種作用中[1]，心智（或布提）是最高等的作用。是心智在從事決定、分辨及判斷。心智也可以分成三類：悅性、動性及惰性。悅性心智會正確客觀地告訴我們應該前往及避開的方向，它會告訴求道者，哪一種行為會帶來束縛，哪一種可以消除束縛。動性心智只涉及自私動機，奔馳於享樂的大道上。惰性心智無法區分職責與非職責、束縛與自由、獨立與依賴，它總是呈現錯誤的藍圖，迷惑了求道者，讓他抱持對事物反常的觀點，根本看不清任何東西的真實本色。一個惰性之人無法決定什麼事情應該做，什麼事情不應該做。

快樂也可以被區分為悅性、動性及惰性。悅性的快樂在一開始似乎是痛苦的，但從長遠來看，其結果卻是有益的。它們為心帶來了寧靜，也帶來了知識、苦修、控制感官及自我淨化，這些結果能夠淨化靈魂。悅性的快樂是在任何地方、在生命的任何情境下都能找到喜悅，無論是在控制心的時候，自我了悟的時候，或者為了人類福祉而無私地執行行動，並把它當成對神的敬拜的時候，喜悅無處不在。動性的快樂是在感官與感官對象接觸時所產生的，一旦那個對象消失了，這個快樂就一起不見了。一個動性之人為了自己，千方百計地想要獲得快樂、感受快樂，動性的快樂會以痛苦的方式結束。惰性的快樂就是帶來悲慘的痛苦。它不斷增加睡眠、懶散度，以及毫無作為的狀態，一個惰性之人沒有動力想要去從事任何事情，只在懶散中感覺到快樂。

所有在地表上或宇宙中的事物，都必定會有悅性、動性及惰性這三種質性。整個宇宙就是這三種質性的遊戲場，我們可以在印記的微妙痕跡中找到這些質性，它們決定了此時爾後的生命歷程。如果任何人想要了解自己的性情，可以透過檢視己心的品質來知曉。如果一個人開始公正客觀地觀察自己，就能夠發現自己的性情到底是屬於悅性、動性或惰性，從而決定未來應該要走的道路，並能因此發現他適合踏上哪一個階段的靈性階梯。

行動是敬拜之法

為了擺脫生死輪迴以及業力束縛，一個人應當全心全意地執行他的職責。一個人可以透過在適切的工作與職責上奉獻心力，然後獲得圓滿並實現完美卓越。如果他放棄自己的責任，然後去做一些不屬於他應該做的事，就無法提升。問題來了：「何謂個人自己的責任？」

一個人的責任取決於自己與生俱來的特質，或說是印記。舉例來說，如果一個人主要的天生特質是悅性品質，就適合練習寧靜之道、控制感官等。如果他具備悅性主導的動性，他的適當職責就是遵循行動之道，並且練習在行動中冥想。用這樣的方式，他可以藉由研讀自己的天生特質或說是印記，來成功執行他的人生職責。

業力是無法避免的；行動即是敬拜之法。藉由敬拜那個衍生一切生命的超然唯一，那個遍布這宇宙的祂，一個人就能夠證得確實的圓滿。

這身體的內居者是那靈（soul）。祂遍存於身體，並將力量分布在心、眼睛、耳朵，以及其他感官和器官，祂是感官的敬拜對象。感官透過完成各自的工作來敬拜祂——雙腿透過行走的工作、雙臂透過行使保護的工作、胃部透過執行消化的工作、心臟透過全身的血液循環、心透過沉思、心智透過決策等。所有的感官和器官，從來沒有間斷過對祂的敬拜，每一個感官都根據自己獨特的天職，各司其職地來敬拜祂。透過完成自己內在的職責，我們就是持續地在向那靈敬拜。

沒有任何一個感官選擇放棄它自己的工作，然後去執行其他感官的工作，每個感官都藉由妥善履行它們天生的使命來做出貢獻，好讓身心可以成功地運作。那個遍布整個宇宙的力量，也遍布在人的身上。我們都同樣來自那個無所不在，我們也都是祂的一部分。因此，透過好好履行我們份內的工作，就是同心協力一起在為祂服務。

一個人不可能在不履行自己的行動、職責或業的情況下活著。業（行動）是唯一可以清理生命過程的方法，如果不去清理，我們就不可能證得圓滿。宇宙是非顯化永恆真理的顯現。我們看見一個漣漪升起，然後就在湖的表面上玩耍；它在瞬間暫存後就消失無蹤。它從哪裡來？它是什麼？它會去往何處？答案是，它從水中而來；即便化作漣漪到來，它依然是水；結束的時候，它又將回到水中。那個暫時存在的漣漪的真實本質，其實就是水。

同樣的，宇宙的真實本質就是真理。當一個人被短暫經過的感官經驗所引起的細微波浪抓住了，他將發現生命的每個階段都會變化，死亡及毀滅無處不在，生命似乎無法構築一個安全的堡壘。隨著我們覺知的發展，在非永恆中頓悟了永恆之後，恆久不變的祥和與平靜就會降臨。

在非永恆中看見永恆，就是行動瑜伽的目的。藉由肯定永恆以及否定非永恆，我們可以穿越到生命的彼岸。如果我們要享受這個世間，肯定與否定兩種元素都必須存在。支持我們的不是那些我們所捨棄的，而是我們擁有的。這個世間值得被享受，而且我們應當要知道享受的藝術。在我們能夠享受這世間之前，應該學會享受的正確方法。

帶著無執的態度履行職責，好過帶著自私的動機履行職責。那些帶著自私動機的是小心眼的人，他們只會讓自己陷入折磨與痛苦。捨離是一個永恆的格言，如果沒有透過捨離來淨化，就無法真正的享受。在我們的生命中，是人與人之間的良好關係讓我們感受到最大的喜悅，而不是透過肯定我們的小我。當我們透過捨棄自私動機、欲望及執著，來否定自己的小我，我們就會認同萬物的本我，然後開始與真實生命接觸。這樣的否定將導向更偉大的肯定。

「業」教導了生命中的道德與靈性價值，也教導了生活以及享受生命的藝術。無執就是愛的最高形式，當我們透過培育無執，來讓心與終極至善連結時，就可以藉由無一例外地愛所有人，來獲得快樂。屆時我們的眼中，沒有一件事情會是邪惡的。但是，如果沒有讓心與靈結合，沒有培育對非真實現象的無執，我們就不可能真正的慈悲。

當一個人開始享受為他人而無私地工作時，要發展出合乎道德的本質就會變得容易，而且當這個習慣養成了，我們想不這麼做都難。藉由奉獻出行動成果以及否定私我感，一個人可以實現生命的真實目的。如果不擺脫利用行動來滿足私慾的精神，我們就無法真正享受生命。

圍繞在我們周圍的世界，就是一個至喜的阿特曼，而我們來到這世間的目的，就是為了享受這份無上的喜悅。但由於我們一直被自己那貪圖享樂的自私感受所束縛，所以看不出它豐富與真實的原貌。生命本身無需被改變；需要改變的是我們的態度。

譯註

[1] 譯註：亦即心意、私我、心藏及心智。

Photo by Al Soot on Unsplash

BH0045

業力：掙脫心的束縛

Freedom from the Bondage of KARMA

作　　者　斯瓦米・拉瑪（Swami Rama）
譯　　者　sujata
責任編輯　于芝峰
協力編輯　洪禎璐
內頁排版　宸遠彩藝
美術設計　劉好音

發 行 人　蘇拾平
總 編 輯　于芝峰
副總編輯　田哲榮
業務發行　王綬晨、邱紹溢
行銷企劃　陳詩婷

出　　版　橡實文化 ACORN Publishing
地址：臺北市 105 松山區復興北路 333 號 11 樓之 4
電話：（02）2718-2001　傳真：（02）2719-1308
網址：www.acornbooks.com.tw
E-mail 信箱：acorn@andbooks.com.tw

發　　行　大雁出版基地
地址：臺北市 105 松山區復興北路 333 號 11 樓之 4
電話：（02）2718-2001　傳真：（02）2718-1258
讀者傳真服務：（02）2718-1258
讀者服務信箱：andbooks@andbooks.com.tw
劃撥帳號：19983379　戶名：大雁文化事業股份有限公司

印　　刷　中原造像股份有限公司
初版一刷　2019 年 6 月
初版六刷　2022 年 3 月
定　　價　280 元
I S B N　978-957-9001-95-3

大雁出版基地
www.andbooks.com.tw

國家圖書館出版品預行編目 (CIP) 資料

業力：掙脫心的束縛／斯瓦米・拉瑪 (Swami Rama) 作 ; sujata 譯 . －初版 . －臺北市：橡實文化出版：大雁出版基地發行，2019.06
160 面 ; 21×14.8 公分
譯自 : Freedom from the Bondage of KARMA

ISBN 978-957-9001-95-3(平裝)

1. 瑜伽　2. 靈修

137.84　108008102